a única alternativa que não nos deixará cooptados pelas implacáveis manipulações imperiais.

Carolyn J. Sharp, Yale Divinity School

A imaginação profética, de Walter Brueggemann, é atemporal; ao mesmo tempo, porém, parece que ele a escreveu "para um momento como este". A voz convincente, mas esperançosa, de Brueggemann é muito parecida com a dos profetas da Bíblia hebraica sobre os quais ele escreve. Na verdade, Brueggemann é a consciência profética de nosso tempo.

Cynthia Shafer-Elliott, William Jessup University

A imaginação profética nos abriu os olhos e os ouvidos para o poder e o objetivo da visão dos profetas. Hoje, a prática da imaginação profética continua sendo uma vocação essencial, dada a onipresença do cálculo da descartabilidade humana. O fato de este livro conciso continuar a ser tão motivador, refletindo a realidade atual como fez há quarenta anos, é prova de que Walter Brueggemann descreveu essa vocação com precisão. Esta nova edição apresenta seus argumentos como particularmente relevantes e oportunos para um período que desesperadamente precisam deles.

Neil Elliott, autor de *Liberating Paul* e *The arrogance of nations*

Anos atrás, enquanto lutava para conceber um ministério que integrasse elementos proféticos e pastorais, *A imaginação profética*, de Walter Brueggemann, introduziu uma nova perspectiva sobre o poder da imaginação no inevitável conflito entre o que Howard Thurman descreve como "a religião de Jesus" e o que Brueggemann chama de "consciência monárquica". Desde que tive tal revelação, os dilemas de ontem deram origem às crises de hoje, que agora se apresentam como as catástrofes de amanhã. Mesmo em meio a essa escuridão, Brueggemann ainda nos encoraja a suportar e até mesmo a superar esses problemas, não apenas pela tenacidade de lamentação do *blues* ou pela transcendência comunitária do *negro spiritual*, mas também pelo *jazz* das improvisações musicais proféticas de Josué, derrubando barreiras erguidas por políticas de dominação.

William J. Barber II, autor de *The third reconstruction*

Poucos autores influenciaram mais a minha formação espiritual do que Walter Brueggemann, e poucos livros o fizeram mais do que *A imaginação profética*. Brueggemann é um dos maiores teólogos vivos da atualidade. Se você ainda não leu este livro, insisto que o faça. Se já o leu, leia-o novamente. *Imaginação profética* é justamente aquilo de que a igreja precisa.

Shane Claiborne, ativista e autor de *Executing grace* e *Red letter revolution*

Quando, ainda na faculdade, li *A imaginação profética* pela primeira vez, a leitura mudou minha vida. Hoje, quarenta anos após sua publicação inicial, o livro de Brueggemann permanece tão atual como no passado, mantendo todo o seu poder, perspicácia e ousadia. Esta edição de aniversário, prefaciada de forma magnífica por Davis Hankins, garante que esta obra clássica esteja disponível para inspirar outras gerações a resistirem ao triunfalismo estático do faraó (em suas inúmeras reencarnações contemporâneas), a criticar a consciência totalizante dominante e a energizar o povo de Deus diante de angústias profundas.

Brent A. Strawn, Emory University

A imaginação profética, de Walter Brueggemann, atraiu muitos estudantes, seminaristas, pregadores e leigos apenas pela força do título, ressoando com muito do que é pregado em igrejas de predominância negra, onde a "imaginação santificada" é regularmente envolvida. Este texto tem guiado gerações de intérpretes bíblicos a considerarem a prática e a vocação proféticas como mais do que meros protestos ou desavenças político-religiosas. O livro continua atual — extremamente legível e ensinável.

Wil Gafney, Brite Divinity School

Em uma época em que a tradição parece ter se tornado propriedade do *status quo*, a relevância deste livro é maior do que nunca. À medida que a tradição muda de lado, começa a subverter as tendências religiosas, políticas e econômicas dominantes, liberando, assim, novas forças em prol da liberdade. Embora esse processo se desenvolva há milênios, os desafios crescentes dos quarenta anos que se passaram desde a publicação do livro — que ameaçam destruir tanto a sociedade humana quanto o planeta — sublinham a sua importância contínua.

Joerg Rieger, Vanderbilt University

Leitura essencial para gerações de estudiosos e pastores, *A imaginação profética* tem sido um catalisador para aqueles que desejam compreender a profecia bíblica e fortalecer seu próprio testemunho profético. Contra a desesperança gerada pela ideologia repressiva, Brueggemann insiste que podemos agir como os profetas: nem caindo na negação, nem na aquiescência, mas empregando uma resistência visionária. Brueggemann argumenta de forma brilhante a favor da imaginação profética como

[illegible] Portail ext.r du narthex. Trumeau. Jérémie (?) XIIe s. Reprod. interd. Photo Gira[illegible]

WALTER BRUEGGEMANN

A IMAGINAÇÃO PROFÉTICA

Tradução
Eissamai Bauleo

Thomas Nelson
Brasil®

Título original: *The prophetic imagination: 40th anniversary edition.*

Imagem do frontispício: Batente de porta com a figura de Jeremias. St. Pierre, Moissac, França. ©2001, por Giraudon/Art Resource, NY. Utilizado com permissão.

As citações bíblicas foram extraídas da Nova Versão Internacional ou traduzidas a partir da tradução do autor.

Produção editorial	Fabiano Silveira Medeiros
Copidesque	Lucas Vasconcelos de Freitas
Revisão	Bruno Echebeste Saadi e Jean Xavier
Design de capa	Rafael Brum
Projeto gráfico e diagramação	Sonia Peticov

Dados Internacionais de Catalogação na Publicação (CIP)
(Câmara Brasileira do Livro, SP, Brasil)

B911i Brueggemann, Walter
1.ed. A imaginação profética/ Walter Brueggemann; tradução Elissamai Bauleo. – 1.ed. – Rio de Janeiro: Thomas Nelson Brasil, 2025.
224 p.; 13,5 x 20,8 cm.

Título original: The prophetic imagination.
ISBN 978-65-5217-184-9

1. Antigo testamento. 2. Bíblia – Estudos. 3. Cristianismo – Essência, natureza e etc. 4. Profetas do Antigo Testamento. 5. Teologia cristã. I. Bauleo, Elissamai. II. Título. III. Série.

10-2024/264 CDD 230

Índice para catálogo sistemático:
1. Antigo Testamento: Profetas: Teologia cristã: Cristianismo 230
Bibliotecária responsável: Aline Graziele Benitez – CRB-1/3129

Rua da Quitanda, 86, sala 601A - Centro,
Rio de Janeiro/RJ - CEP 20091-005
Tel.: (21) 3175-1030
www.thomasnelson.com.br

Para as irmãs de ministério,
que me ensinam diariamente sobre
o poder do luto e
o dom do deslumbramento.

Sumário

Prefácio à edição brasileira

Walter Brueggemann escreve a partir e para a igreja dos Estados Unidos, como ele mesmo deixa claro nos primeiros parágrafos do livro que você tem em mãos. Por esse motivo, faz-se necessária uma apresentação que situe o contexto brasileiro à obra, proporcionando reflexões relevantes ao nosso cenário. Embora algumas pessoas possam argumentar que *A imaginação profética* é um clássico e, como tal, dispensa apresentações, cabendo ao leitor maduro, como já se faz em outros clássicos cujo local de escrita e cujos leitores também não somos nós, adaptá-la ao seu contexto, o propósito deste prefácio é justamente enriquecer a leitura, facilitando uma adaptação às particularidades da igreja e da sociedade brasileiras.

Há, contudo, outra razão para a existência de um texto que dialoga com a realidade brasileira neste volume: as enormes similaridades entre grandes ministérios evangélicos no Brasil e nos Estados Unidos. É verdade que um modo específico de ser evangélico na América do Norte tornou-se, de certa maneira, um fenômeno global. Por meio de uma estética sensível ao interessado, ministérios como Willow Creek (Estados Unidos), Hillsong (Austrália), Yoido Full Gospel Church (Coreia do Sul) e Igreja Bola de Neve (Brasil) – apesar de tão distantes geograficamente entre si – apresentam muitas similaridades tanto em suas virtudes quanto em seus escândalos. Nesse sentido, *A imaginação profética* é um clássico não apenas por elucidar as tradições dos profetas do Antigo Testamento, mas também porque, ao focar na realidade norte-americana, o autor propôs reflexões que facilmente ecoam em outras regiões, incluindo o Brasil, onde questões de consumo, prosperidade e busca por status também permeiam as práticas religiosas.

Isso nos traz a uma consideração absolutamente necessária: ainda que você discorde da apresentação que Brueggemann faz da cultura consumista americana — ou mesmo das ferramentas que ele utiliza para fazê-lo —, o convite que o autor faz é irrecusável. Ele nos convida a *imaginar* o que os *profetas*, ancorados na tradição de Moisés, diriam ao Brasil, em especial à igreja brasileira, e isso implica fazer questionamentos semelhantes a estes: Como deveria ser a comunidade dos fiéis no século 21? A que ela realmente se assemelha hoje? Que tipo de denúncia eles fariam? Como imaginar um futuro de esperança?

Essa busca se resume a encontrar na tradição dos profetas, de Moisés e de Jesus um contraponto, um contraste e um desafio à nossa realidade cultural e, consequentemente, à realidade cultural brasileira. Enquanto Brueggemann associa parte da cultura americana ao Faraó e ao Império Romano, a quem os profetas se opõem, o desafio para nós, brasileiros, é identificar o que há no Brasil e na igreja brasileira que nos aproxime mais de faraó do que de Jesus.

Qual é a realidade cultural do Brasil? Embora a resposta completa não caiba em um prefácio, ofereço aqui algumas sugestões de primeiros passos para esse exercício. Há quem prefira o Brasil de Roberto DaMatta, que afirma que vivemos em uma sociedade onde o "jeitinho" e rituais como o carnaval refletem uma convivência entre normas hierárquicas e flexibilidade cultural; outros o de Gilberto Freyre, para quem o Brasil é uma sociedade mestiça e sincrética, onde a fusão de culturas cria uma identidade nacional única marcada pelas relações familiares e o "homem cordial"; e outros, ainda, o de Sérgio Buarque de Holanda, que vê o Brasil como uma sociedade em que o "homem cordial" age a partir das emoções e das relações pessoais, dificultando a consolidação de uma cidadania impessoal e democrática. Há quem prefira simplesmente lidar com o Brasil como sentido no cotidiano, sem lentes de especialistas, como se possível fosse enxergar sem lentes. Independentemente de como a pessoa enxergue o mundo, a verdade é que a brasilidade ainda é, em muitos sentidos, um enorme enigma.

Algumas coisas, entretanto, não são tão enigmáticas. Por exemplo, não é tão obscuro o jeito brasileiro de fazer teologia da prosperidade, de aderir às culturas de honrarias a líderes, de cultivar celebridades eclesiais, de buscar o triunfalismo, de ostentar financeiramente até mesmo dentro da igreja, e também de consumir culto, conforto e pregação. Todos esses elementos estão entremeados na crítica de Brueggemann às igrejas dos Estados Unidos, e, longe de serem rejeitados pelo brasileiro, foram absorvidos e aperfeiçoados em nosso contexto.

Parte disso, especialmente o que envolve o consumo, relaciona-se com o nome de Donald McGavran, cuja influência extrapolou os limites dos Estados Unidos, impactando igrejas em todo o mundo. Amplamente reconhecido como o fundador do movimento de crescimento de igrejas, que se concentra em princípios sociológicos e antropológicos para expandir congregações religiosas, suas ideias influenciaram diretamente o surgimento das megaigrejas. McGavran argumenta que as igrejas devem adaptar suas abordagens às necessidades e desejos das comunidades que servem, criando ambientes que promovam o pertencimento e o engajamento frequente. Para se ter uma ideia, em países da América Latina, África e Ásia, as igrejas que adotaram os princípios de McGavran experimentaram um crescimento significativo, adotando marketing e comunicação eficazes para atrair novos membros, oferecendo, assim, experiências de culto que ressoam com o público-alvo. Em outas palavras, as ideias de McGavran motivam as igrejas a alinhar suas atividades às aspirações locais e atuar como agentes de mudança social, abordando questões como pobreza e desigualdade.

Ele enfatizou a importância de entender as barreiras culturais e sociais que impedem o crescimento da igreja, promovendo abordagens que se concentram na homogeneidade dos grupos sociais para facilitar a adesão e o envolvimento dos membros. Diante disso, pode-se perguntar: que mal há em fazer uma igreja crescer? Nenhum. O problema está em como isso é feito. O resultado prático da proposta de McGavran é fornecer um *produto* para um *público-alvo*. Contudo, essa nunca foi a sua intenção, pois ele foi um missionário que viveu evangelizando na Índia e, retornando aos Estados Unidos, queria apenas que a igreja norte-americana não morresse. Em certo sentido, as megaigrejas prolongaram o evangelicalismo, mas também intensificaram o processo que Bruggemann já denunciava em 1978: a igreja havia se tornado um polo do consumismo ao qual deveria se opor.

Na linguagem de Brueggemann, ao abraçar um ideal de consumo, a igreja se aproximou mais da mentalidade triunfalista da realeza do faraó do que da comunidade alternativa libertadora de Moisés. Nesse sentido, precisamos estar cientes de que consumismo não é meramente um problema por levar pessoas à superficialidade ou às dívidas; na realidade, ele é denunciado por Paulo como idolatria — o apóstolo o chama de ganância em Colossenses —, ao passo que Jesus chama de Mamon. O consumismo distorce a lógica do culto e enfraquece a unidade da igreja, transformando a liturgia do serviço a Deus em um conjunto de experiências voltadas a agradar ao indivíduo e fazê-lo sentir-se bem. Sob essa ótica, a ideia de comunidade perde a importância, porque a prioridade passa a ser a satisfação de um cliente. Assim, na linguagem do consumo, o ministério vizinho deixa de ser um colaborador e passa a ser um concorrente.

Diante disso, como podemos imaginar um futuro esperançoso? Uma parte da resposta reside no fato de que a atividade do profeta não é somente denunciar, mas também criar poesia — nas palavras de Brueggemann, a tarefa envolve *lirismo*, beleza. Parte da resposta é estética: olhar para a tradição da Escritura e maravilhar-se com ela para, então, visualizar um futuro no qual Deus também age. Quais são as canções de maravilhamento que podem inspirar a igreja brasileira a cumprir seu verdadeiro papel? Há motivos para esperança, pois nosso repertório brasileiro é rico e pode nos energizar para imaginar esse futuro. Nossos poetas cantaram profecias, mas muitas vezes preferimos dançar ao som das canções sedutoras da corte do imperador.

Na música cristã brasileira, há inúmeros exemplos tanto de poetas do profetismo quanto de poetas da corte do consumo. Quando o verso canta sobre a sua "vitória no palco" enquanto seu rival está na plateia, o lirismo é do faraó, do imperador; em contrapartida, quando a poesia entoa versos de clamor para "a começar em mim, quebra corações", o lirismo é do profetismo. Nós temos ambas as vozes, a questão é: ao som de qual canção a igreja brasileira quer dançar? Nesse cenário, enquanto ela estiver indecisa, cabe ao profeta continuar escrevendo canções.

Brueggemann também faz um convite à intelectualidade, que serve tanto para a análise quanto para a construção de um repertório de lirismo. Ele convoca a erudição do nosso tempo ao diálogo com o texto bíblico para compreender a igreja, e isso inclui filosofia, sociologia e a universidade de maneira geral. Em outras palavras, Bíblia e universidade nos ajudam a descrever o mundo como ele é, enquanto os atos poderosos de Deus nas Escrituras nos relembram do que o mundo *deveria ser* e geram em nós a esperança daquilo que ele efetivamente será.

É nesse cenário que surge outro desafio para o profeta. Quando se critica o capitalismo no contexto do evangelicalismo, logo se imagina uma ideologia de esquerda, como se o crítico se tornasse automaticamente herege, e isso aliado à revolução violenta ou ateísmo de Marx e às barbáries de regimes ditatoriais do século 20. Embora muitos críticos do capitalismo se associem a todas essas coisas, isso não isenta o capitalismo de críticas.

Imaginar criticamente as igrejas "sensíveis ao interessado" exige discutir as implicações de decisões baseadas em preferências do consumidor em uma religião, e essa é uma das maneiras como o capitalismo atrapalha a espiritualidade cristã. Além disso, a igreja centrada no consumidor e orientada pela moda prioriza desejos individuais e dinâmicas de mercado em detrimento de uma comunidade alternativa que se contrapõe ao seu tempo.

A princípio, a crítica poderia se concentrar em elementos superficiais, como a ênfase na música contemporânea, em códigos de vestimenta casuais e em apresentações multimídia para atrair participantes, imitando, assim, o foco da indústria da moda na mudança e na novidade. Diante disso, a tentação, então, seria propor o retorno a modelos mais tradicionalistas; todavia, a *imaginação profética* aponta para outra direção, pois tem clareza de que, mais do que simplesmente fazer críticas superficiais, as canções, as denúncias e a esperança giram em torno dos princípios que fundamentam o formato que uma igreja escolhe.

Em outras palavras, o problema não é a parede preta ou a fumaça de um show invadindo a igreja, tanto que a solução não está em retornar aos vitrais e ao órgão de tubos. O problema está no individualismo que coloca entusiastas do novo e órfãos da tradição em pé de guerra por causa de suas preferências pessoais, não reconhecendo ou não esclarecendo que ambos são reféns do consumo. Na verdade, precisamos mesmo é de canções que exalem alteridade.

Em segundo lugar, de uma perspectiva capitalista, as igrejas sensíveis ao buscador operam de forma semelhante a empresas em um mercado competitivo. O problema é que, ao adotarem estratégias de marketing para "vender" religião, embalando a espiritualidade e a oferecendo como um produto de consumo adaptado às preferências individuais, as igrejas se veem como rivais, e não como expressões de diversidade em meio à unidade cristã. Por um lado, falamos constantemente em unidade, mas, por outro, imaginamos nossas rivalidades no campo doutrinário, esquecendo-nos de que a verdadeira vilã é a lógica de consumo, pois é ela que nos coloca em rivalidade.

O terceiro ponto é o individualismo, tendo em vista que muitas vezes priorizamos a satisfação individual em detrimento dos compromissos comunitários ou doutrinários — basta pensar se o fato de muitas vezes irmos ao culto buscando pela própria vitória não seria também um obstáculo à unidade. Todavia, o olhar para o outro vai além de simplesmente rejeitar o consumismo, pois o individualismo também se manifesta na forma como adquirimos conhecimento e compreensão. Sendo assim, uma fé comunitária depende de escutar o que o outro diz para que haja verdadeiro discipulado, e isso inclui tanto saber ouvir quem está ao nosso lado quanto ouvir a história da igreja, porque não podemos conhecer Aquele que é totalmente outro se não estivermos dispostos a ouvir o outro.

Tudo isso é simplesmente uma maneira de dizer que precisamos ser uma comunidade distinta, até porque, como corpo de fé, nossa identidade não deve refletir os valores do mundo ao redor. Talvez tenhamos colocado ênfase excessiva em sermos indivíduos diferentes, quando a verdadeira distinção está em cultivarmos uma comunidade que se afasta das lógicas do consumo e da competição, abraçando o espírito de unidade e serviço genuíno. Se somos de fato indivíduos diferentes, por que não seríamos também enquanto grupo? Mas Brueggemann vai além: para ele, a vivência de uma comunidade distinta desmantela a comunidade dominante; isso significa que, se vivemos em meio a um mar de consumismo, o antídoto para essa prática desenfreada é precisamente uma vivência em grupo que desafia a lógica do consumo.

Com isso em mente, podemos concluir que, em última análise, Jesus não é meramente uma lente através da qual podemos criticar a igreja brasileira, mas sim o raio de esperança que nos energiza em direção a uma realidade que pode cantar, viver e fazer a alteridade desafiar o modo de ser do império. Em outras palavras, o testemunho de Jesus não é apenas um clamor contra tudo que foi elencado aqui, mas sim um convite para que sejamos brasileiros como Deus deseja que fato sejamos, e isso significa ter uma brasilidade que nos aproxima dos profetas e nos distancia do faraó.

Por fim, podemos dizer que esse é um mero exercício inicial de imaginação profética no contexto brasileiro, mas, assim como Maria cantava, ainda grávida, a respeito do pobre que seria liberto por Jesus, nós cantamos profeticamente que a Maria brasileira tem a estranha mania de ter fé na vida. Como muitos podem afirmar, somos um povo marcado, um povo feliz, que não quer dinheiro, só quer amar. Não nos faltam expressões genuinamente brasileiras de como a nossa comunidade deveria — e, às vezes, consegue — se parecer com a comunidade de Jesus, mesmo convivendo com a dor das injustiças, como quem vive sob o domínio de um faraó. O restante? Bom, o restante é só fé, e ela não costuma falhar. Além disso, até nos lugares mais inesperados temos canções de profetas. Então, a pergunta que fica é: dançaremos ao som das canções da corte de César? Ou seja, a igreja seguirá os valores do poder secular e consumista ou se manterá fiel aos princípios de justiça e solidariedade de Jesus? Que tenhamos uma boa leitura e continuemos a imaginar.

Victor Fontana
Jornalista, teólogo e pastor brasileiro
Tempo comum, 2024

Nota sobre a edição do quadragésimo aniversário

A Fortress Press tem o prazer de publicar esta nova edição de *A imaginação profética* para homenagear seu quadragésimo ano de publicação e para celebrar o legado dos muitos projetos editoriais de Walter Brueggemann com a editora — 28 volumes, e ainda há mais por vir! Somos gratos por esse relacionamento longo e duradouro, e estamos honrados por sermos um dos muitos canais para a voz de Walter.

Baseado na edição revisada, publicada em 2001, este volume inclui um novo prefácio, escrito por Davis Hankins, e uma nota do próprio Brueggemann na seção "Em retrospecto (quarenta anos de *AIP*)". Este livro inovador é sempre atual e oportuno, pois desperta uma nova imaginação profética em cada geração.

Prefácio à nova edição (2018)

A bibliografia das obras de Walter Brueggemann é impressionante, certamente sem paralelo entre seus pares. Brueggemann publicou obras em um ritmo vertiginoso sobre uma vasta gama de assuntos e em vários gêneros, incluindo trabalhos de estudo críticos, resenhas, sermões, orações poéticas e muito mais. É, portanto, surpreendente que este pequeno livro já tenha antecipado grande parte do variado e extenso *corpus* literário do autor. Em seu "Prefácio à segunda edição" (2001), Brueggemann declara que este livro foi sua "primeira publicação em que, de certa forma, encontrei minha própria voz". Correndo o risco de uma simplificação excessiva, penso que o argumento por ele elaborado nesta obra envolva alguns passos claros.

Brueggemann aborda sociedades exploradoras, sustentadas por várias ideologias. Essas ideologias silenciam quaisquer ameaças, reais ou imaginárias, às desigualdades reinantes, que consolidam a riqueza e o poder em benefício de alguns, mas em detrimento de outros. A tarefa profética começa com o luto, que nomeia as realidades de dor, perda, medo, ressentimento e antagonismo presentes em tais situações sociais. Esse luto permite que uma comunidade rompa a negação, o entorpecimento e a desumanidade da exploração. À medida que o grito profético afrouxa o domínio das ideologias dominantes, também energiza e capacita a comunidade, que passa da indiferença para a ação. Uma vez abraçada a esperança, ela se torna possível não apenas para a cura, mas também para um modo de vida alternativo, o qual deve ser articulado por profetas e encenado com poder artístico suficientemente forte para a resistência à domesticação. A imaginação profética prossegue por meio destes três passos fundamentais: (1) recusa a negação e adentrar o desespero com clamores honestos pela dor e pela perda que resultam de injustiças sociais; (2) supera a amnésia, recorrendo a tradições artísticas antigas que energizam a comunidade para imaginar e viver em uma ordem mais justa; e (3) culmina com a esperança e a gratidão pela surpreendente dádiva de um futuro emancipado. Esses passos permanecem paradigmáticos no trabalho posterior de Brueggemann, de modo que, embora pareça que ele escreveu dezenas de livros, também podemos sugerir que nunca parou de escrever *A imaginação profética*.

Acredito que há duas razões principais pelas quais *A imaginação profética* precisou de quatro décadas de desenvolvimento contínuo e inacabado. A primeira é que sua abordagem aos textos bíblicos é tão expansiva, rica, desafiadora e distinta dos estudos bíblicos convencionais que alguns de seus *insights* mais profundos precisavam de maior exploração intelectual para serem plenamente apreciados. Não se trata apenas de Brueggemann estar à frente de seu tempo, embora eu pense que sim; também parece ser o caso de este livro estar à frente de seu autor. Brueggemann admite, no prefácio da edição de 2001, que a conjunção de "profético" e "imaginação" no título foi uma decisão tardia, "inteiramente casual". Posteriormente, as publicações mais importantes do autor sobre os papéis cruciais e diversos que a imaginação desempenha — nos textos bíblicos, em sua interpretação e nas práticas comunitárias — tornam quase impossível vermos o título como um acaso fortuito.[1] Em outras palavras,

---

[1]Por exemplo, sobre o papel da imaginação na interpretação, veja Walter Brueggemann, *Texts under negotiation: the Bible and postmodern imagination* (Minneapolis: Fortress Press, 1993); sobre a imaginação nos texto, veja Walter Brueggemann, *David's truth in Israel's imagination and memory*, 2. ed. (Minneapolis: Fortress Press, 2002).

a formulação específica do título agora parece absolutamente necessária, já que, desde então, aprendemos que nenhuma tarefa ou texto profético pode ser interpretado sem considerarmos o papel da imaginação. Esse ponto aparece claramente em *A imaginação profética*, mas poderia não ter sido tão explícito aos leitores iniciais.

A dádiva de quarenta anos de retrospectiva e o trabalho contínuo de muitos estudiosos, incluindo Brueggemann, destacam de forma nítida a profundidade e a riqueza das afirmações deste livro. O trabalho de Brueggemann sobre a imaginação, por exemplo, participa de desenvolvimentos mais amplos na crítica literária, na filosofia e em outros campos. Essas tendências, muitas vezes rotuladas como pós-estruturalismo ou pós-modernismo, enfatizam a importância de elementos não conceituais — como desempenho, estilo de vida, representação, imagens e outros aspectos imaginativos — na produção de conteúdo conceitual e na avaliação de seu mérito. Em vez de aprofundar discussões teóricas, ilustro essa ideia com um exemplo mais tangível, extraído de minha experiência pastoral.

Em um seminário onde ensino sobre retórica e literatura profética, normalmente recomendo a leitura de *A imaginação profética* depois de os alunos terem lido a monografia de Kathleen O'Connor (2011) sobre o livro de Jeremias.[2] O'Connor e Brueggemann passaram um tempo longo e feliz como colegas no Columbia Theological Seminary, onde tive a sorte de ser aluno deles. Com o passar do tempo, sua relação se revelou como sendo de apoio mútuo, estímulo e recordação. O'Connor aborda Jeremias de uma forma que está explicitamente em dívida com o trabalho de Brueggemann, mas acrescenta um envolvimento profundo com estudos sobre trauma e desastres. Esse campo de

---

[2]Kathleen M. O'Connor, *Jeremiah: pain and promise* (Minneapolis: Fortress Press, 2011).

investigação emergiu como uma área de estudos robusta e distinta apenas na última década do século 20; assim, é surpreendente que as reflexões de Brueggemann sobre a dor e o luto neste livro (publicado pela primeira vez em 1978) se alinhem de forma tão extensiva com pesquisas recentes.

Seria razoável ler primeiro *A imaginação profética* e depois o trabalho de O'Connor, visto que ela desenvolve e expande as ideias de Brueggemann, introduzindo uma nova área de estudos. Entretanto, na minha opinião, aprenderemos mais ao começar com O'Connor, uma vez que sua exploração do trabalho teórico e das experiências práticas adquiridas por aqueles que estudam e tratam os efeitos do trauma estabelecem um contexto que melhora a compreensão das afirmações de Brueggemann. Por exemplo, Brueggemann enfatiza o entorpecimento, a negação e o poderoso controle por meio do qual a consciência dominante e monárquica perpetua o seu *status quo*. O conceito se torna mais tangível para os alunos *depois* de eles terem explorado como esses mesmos sintomas se manifestam, por exemplo, nas respostas psicológicas que aparecem e funcionam como mecanismos de enfrentamento em vítimas de violência doméstica. Além do mais, a descrição de Brueggemann do potencial impacto positivo nas esferas social e política do ato de narrar as experiências dolorosas e expressar o luto se torna mais profunda *após* ler sobre o papel essencial que desempenham no tratamento terapêutico.

A segunda razão pela qual penso que *A imaginação profética* exigiu quatro décadas de articulação contínua é porque as características problemáticas que este livro diagnostica no cenário social não ficaram para trás. O programa profético de crítica e energização que o livro defende também mantém relevância e vitalidade semelhantes. Em primeiro lugar, entre todos os fatores que Brueggemann aponta como diferenças entre a situação monárquica e a imaginação profética, a distribuição desigual de riquezas e as práticas econômicas de extração injusta têm papel fundamental nas desigualdades sociais e na opressão que caracterizam a primeira e dão origem à segunda. Começando no final da década de 1970 — e certamente de forma mais visível na revisão de *A imaginação profética*, em 2001 —, disparidades de riqueza e rendimento, que tinham permanecido relativamente baixas e estáveis por cerca de trinta anos após a Segunda Guerra Mundial, começaram a aumentar de maneira notável na Europa e, especialmente, nos Estados Unidos.[3] Durante esse rápido aumento nas desigualdades de rendimento e riqueza, os salários da maioria da população dos Estados Unidos permaneceram estagnados.[4] Forças sistêmicas que exacerbaram disparidades em riqueza e renda sustentam esse *status quo*. Para Brueggemann: "[...] a principal função do ministério profético não é a de abordar questões sociais específicas, mas de desafiar, a tempo e fora de tempo, um problema mais duradouro e resiliente: o problema de termos a nossa vocação alternativa cooptada e domesticada" (p. 52). De uma perspectiva econômica, isso significa que os profetas não devem se dirigir a este ou aquele CEO, administrador, deão universitário, técnico de futebol ou atleta profissional que ganhem dinheiro demais, e sim às forças dominantes nas esferas social e econômica que impulsionam divergências cada vez maiores na distribuição de renda. De modo semelhante, a questão não é se o nosso sistema econômico permitiu o crescimento e beneficiou nossa vida, mas se podemos imaginar uma economia alternativa, capaz de trazer benefícios mais amplos para um número muito maior de pessoas no futuro.

---

[3]Veja Thomas Piketty, *Capital in the twenty-first century*, trad. para o inglês Arthur Goldhammer (Cambridge: Belknap Press of Harvard University Press, 2014) [edição em português: *O capital no século XXI*, trad. Mônica Baumgarten (Rio de Janeiro: Intrínseca, 2014)].

[4]Veja, por exemplo, Lawrence Mishel; Elise Gould; Josh Bivens, "Wage stagnation in nine charts", Economic Policy Institute, 6 de janeiro de 2015, disponível em: https://tinyurl.com/ybnuk95l.

Essas realidades econômicas não podem ser separadas da política partidária e das políticas públicas. Muitas decisões políticas ao longo das últimas quatro décadas desempenharam um papel importante nesse aumento nas desigualdades, como aquelas que contribuíram para o domínio emergente das finanças em nosso sistema econômico — mesmo na década após 2008, quando as finanças desempenharam um papel de destaque no quase colapso da economia global.[5] Outras tensões políticas persistiram de forma semelhante. Brueggemann nos mostra, de forma sistemática, que as ordens monárquicas tentam desesperadamente manter o poder e o controle de várias maneiras, como por meio de falsas reivindicações de supremacia moral, retribuição justa, paz e bem-estar, a fim de evitar críticas e mascarar realidades de interesse próprio, culpabilização das vítimas e desigualdades.

O profeta deve lamentar e criticar comportamentos sustentadores de condições que comprometem valores fundamentais, imaginando políticas alternativas que definam os interesses nacionais de acordo com tais valores. De fato, foi assim que Martin Luther King Jr. iniciou seu discurso do "Sonho". Ele conclamou os Estados Unidos a honrarem a "nota promissória" que a Constituição e a Declaração de Independência ofereceram aos afro-americanos, a qual, até então, não havia sido paga.[6] Normalmente, os profetas desafiam suas comunidades a abandonarem suas falhas a fim de permanecerem fiéis aos seus valores mais fundamentais.

Questões raciais continuaram a ser relevantes nas décadas desde o aparecimento de *A imaginação profética*, assim como os problemas relacionados à luta pela igualdade nos direitos de

---

[5]Veja Rana Foroohar, *Makers and takers: how Wall Street destroyed Main Street* (New York: Crown Business, 2016).

[6]Martin Luther King Jr., "I Have a Dream", in: Clayborne Carson, org., *The Autobiography of Martin Luther King, Jr.* (New York: Warner Books, 1998), 224 [edição em português: *A autobiografia de Martin Luther King* (São Paulo: Zahar, 2014)].

homens e mulheres, além da questão dos imigrantes, refugiados, estrangeiros etc. Brueggemann dedicou este livro às "irmãs de ministério", e a revista *Time* nomeou o #MeToo como "pessoa do ano" de 2017. Também devo mencionar que, na última vez que ministrei o curso sobre profecia, os alunos ficaram surpresos com o fato de Stokely Carmichael não fazer parte do Black Lives Matter, tendo falado com tanta contemporaneidade há mais de quarenta anos atrás. Isso não significa que não houve progresso nessas áreas nos Estados Unidos, pois líderes proféticos como Carmichael não trabalharam e morreram em vão. Entretanto, a raiz subjacente desses problemas sociais permanece, juntamente com os passos que podem ser dados em direção a uma alternativa. Como William Barber menciona regularmente em seu movimento Moral Mondays e em sua renovada iniciativa Poor People's Campaign,[7] *A imaginação profética* nos ajuda a identificar e articular o problema, levando-nos a imaginar e a buscar um futuro mais emancipatório. E é por isso que o livro de Brueggemann precisou de quarenta anos de implementação contínua.

A imaginação profética nunca trata textos bíblicos como meros veículos para posicionamento sobre políticas públicas ou para críticas culturais. Brueggemann enfatiza, desde o início, a importância e as implicações do fato de que os profetas não eram analistas políticos, mas poetas e pregadores. Da mesma forma que os

---

[7]William J. Barber II é um proeminente ministro protestante americano, ativista social e defensor da justiça social, que ganhou reconhecimento nacional por sua liderança em vários movimentos que abordam as desigualdades raciais e econômicas nos Estados Unidos. É o idealizador do movimento de desobediência civil não violenta chamado Moral Monday, formado em 2013 em protesto contra leis que suprimem a participação eleitoral, cortam o financiamento para a educação pública e privam de direitos várias comunidades minoritárias. Em 2017, Barber passou a liderar a iniciativa Poor People's Campaign: A National Call for a Moral Revival. A campanha é um renascimento da campanha original de 1968, fundada por Martin Luther King Jr., cujo objetivo é a abordagem do racismo sistêmico, da pobreza, da devastação ecológica e da economia de guerra nos Estados Unidos. Seu objetivo é a formação de movimentos apartidários estatais e locais que desafiem leis e políticas contrárias a princípios de justiça social. (N. T.)

profetas articulam uma linguagem poética que liberta a imaginação da prosa simplista de um discurso dominante que não admite nada inesperado, assim também o profeta do Senhor opera com liberdade em uma arena não é reconhecida, e até desconhecida, pela consciência prevalecente. Esse Deus não é definido por doutrinas ou ligado a instituições sociais, mas um ser que sempre surpreende a comunidade humana com novos significados, possibilidades imprevisíveis e verdades inconscientes, articuladas pelos profetas em nome de Deus. *A imaginação profética* é um exemplo disso; em última análise, trata-se de uma tentativa de criar um futuro novo para o cristianismo como anfitrião de possibilidades divinas em um contexto cultural dominado por ansiedades reprimidas, que geram ressentimento, agressão e coisas piores contra o próximo. É óbvio que, infelizmente, o cristianismo médio contribui com frequência para esse contexto tóxico; mas a aposta de Brueggemann é que a tradição profética é um corpo estranho em meio a essa toxidade — dentro e fora da igreja —, capaz de corroê-la e de construir uma alternativa. Quarenta anos após sua publicação inicial, em 1978, a necessidade não é menos urgente, e a promessa deste livro soa ainda mais convincente. O trabalho que está por vir é o de imaginarmos essa alternativa e atuarmos com base nela. Por isso podemos ficar gratos — e maravilhados!

Davis Hankins
Appalachian State University
Dia Nacional de Martin Luther King Jr., 2018.

Sou grato a Brent A. Strawn por ler e fazer comentários a uma versão anterior deste prefácio.

Prefácio à segunda edição (revisada)

A publicação de *A imaginação profética*, em 1978, foi a primeira na qual eu mais ou menos encontrei minha própria voz como mestre na igreja. Muita coisa mudou para mim desde então, mas a tese básica que articulei continua válida para mim, servindo para enquadrar o meu trabalho ainda em andamento. Há, de fato, continuidades definitivas entre o que eu disse naquela época e o que diria hoje.

I

Entretanto, ocorreram mudanças significativas desde então, dentre as quais identifico três. Em primeiro lugar, os métodos e abordagens no estudo crítico da Bíblia evoluíram de forma dramática. Por volta de 1978, ou pouco antes de eu começar a escrever o livro, o estudo das Escrituras era predominantemente moldado pela crítica histórica, embora naquela época já despontassem os primeiros sinais de novas metodologias. Para os textos proféticos, o compromisso com a crítica histórica envolveu a compreensão dos profetas em seus supostos cenários históricos e, em seguida, a generalização de temas a partir de análises contextuais. Consequentemente, a aplicação de textos proféticos no "ministério profético" muitas vezes sugeria uma postura direta e de confronto contra as autoridades estabelecidas, semelhante à forma como Amós parecia desafiar

Amazias (Amós 7:10-17). Essa abordagem, que agora parece um tanto simplista, de fato inspirou e legitimou ministérios ousados e audaciosos.

Naquela época, todavia, o estudo das Escrituras em geral aguardava a articulação de métodos que fossem além ou mais profundo do que a crítica histórica de tipo convencional. Especificamente, o advento da crítica sociocientífica, introduzida nos estudos do Antigo Testamento de forma estonteante por Norman Gottwald em 1979 — um ano após a publicação de meu livro —, abriu caminho para vermos os textos como declarações ideológicas que emergem e influenciam ações sociais e políticas, autorização social e crítica social.[1] Robert Wilson nos ajudou a ver que os profetas não eram apenas figuras solitárias que se opunham ao sistema, mas vozes representativas de grupos sociais relevantes e empenhados.[2] O efeito de tais estudos foi situar os textos proféticos de forma mais intrincada no conflito de forças sociais sobre a correta caracterização da realidade social. Assim, os textos entram em contato mais próximo com os processos sociais em que estão inseridos e para os quais os próprios textos podem ter contribuído.

Da mesma forma, em 1978, os estudos do Antigo Testamento ainda aguardavam o surgimento da crítica retórica com sua apreciação do poder generativo e constitutivo da imaginação. Nesse mesmo ano, coincidindo com a publicação de meu livro, Phyllis Trible lançou *God and the rhetoric of sexuality* [Deus e a retórica da sexualidade], marcando uma mudança fundamental na compreensão de como o discurso público (e, portanto, o

---

[1]Norman K. Gottwald, *The tribes of Yahweh: a sociology of the religion of liberated Israel, 1250-1050 b.C.* (Maryknoll: Orbis, 1979) [edição em português: *As tribos de Iahweh* (São Paulo: Paulus, 2004)].

[2]Robert R. Wilson, *Prophecy and society in ancient Israel* (Philadelphia: Fortress Press, 1980) [edição em português: *Profecia e sociedade no antigo Israel* (São Paulo: Paulus, 2014)].

texto) pode criar realidades alternativas.[3] Emergindo da crítica retórica e influenciada pelo trabalho de Paul Ricoeur sobre a imaginação, tornou-se cada vez mais clara a ideia de que os textos, especialmente os textos bíblicos, são atos de imaginação cuja finalidade é oferecer "mundos alternativos", que existem por causa e através do ato de sua articulação.[4] Desde o trabalho inovador de Trible, tem havido um aumento na literatura sobre a imaginação teológica, reconhecendo, ao contrário de perspectivas clássicas dominantes, a imaginação como uma forma legítima de conhecimento.[5] Essa nova perspectiva nos permite ver os textos bíblicos, em particular os textos proféticos, como cenários poéticos de realidade social alternativa, que podem levar a um confronto direto contra os "mundos estabelecidos e inquestionáveis" (o velho pressuposto liberal). O texto canônico, servindo de padrão para comunidades intergeracionais, também pode promover e embasar a obediência — não necessariamente por meio do confronto, mas pela vida em um mundo percebido, compreendido e representado de forma diferente (imaginação/obediência). Portanto, o foco na retórica como forma de imaginação generativa permite que os textos proféticos sejam interpretados e rearticulados como proposições da realidade contrárias à realidade dominante que naturalmente desfruta de autoridade institucional e hegemônica, mas costuma carecer de autocrítica.

---

[3]Phyllis Trible, *God and the rhetoric of sexuality*, OBT (Philadelphia: Fortress Press, 1978). O livro mais recente de Trible, *Rhetorical criticism: context, method, and the book of Jonah*, GBS (Minneapolis: Fortress Press, 1994), apresenta o método de forma mais pragmática.

[4]Paul Ricoeur famosamente distinguiu entre "o mundo por trás do texto", "o mundo dentro texto" e "o mundo em frente ao texto".

[5]Entre as discussões importantes mais recentes, veja Garrett Green, *Theology, hermeneutics, and imagination: the crisis of interpretation at the end of modernity* (Cambridge: Cambridge University Press, 2000). A questão-chave na imaginação é até que ponto ela reflete um dado e até que ponto ela é geradora de um novo dado. Green é cauteloso sobre o assunto, mas, em seu livro mais recente, parece se aproximar um pouco de uma direção mais construtivista.

A segunda mudança notável desde 1978 é a evolução de meu próprio ponto de vista. Minha dedicatória do livro às "irmãs de ministério" e a minha referência a José Porfirio Miranda (cap. 5) demonstram que eu estava apenas começando (assim como muitos outros) a integrar em minha prática interpretativa as perspectivas que estão associadas a diversas vertentes da teologia da libertação. Desde então, a atenção contínua que dedico à hermenêutica da libertação se aprofundou de forma significativa. É claro que as críticas à hermenêutica da libertação são bem conhecidas, mas, em minha opinião, elas geralmente partem daqueles que têm o luxo de estar afastados das profundas feridas da realidade social. Em um exame mais atento das questões relacionadas à libertação e à exploração, a forte ligação entre os textos bíblicos proféticos e os temas da justiça, do interesse e da crítica social me parece inegável. Além do mais, o enredamento da igreja dos Estados Unidos na dinâmica implacável da globalização e a facilidade com que acomodou a fé e a prática da igreja à comoditização do consumo realçam entre nós a urgência da "consciência profética", independentemente de quaisquer críticas metodológicas. De qualquer forma, creio que a linha de argumento que apresentei aqui parece ter se tornado ainda mais importante agora do que quando a apresentei pela primeira vez. Assim, minha convicção nessas questões só se intensificou à medida que refleti sobre a minha fé no contexto de meu chamado.

A terceira mudança que observei é que, desde que escrevi o livro, as expressões "de linha principal" da comunidade da igreja estão cada vez mais descentralizadas e marginalizadas. Há muita especulação e ranger de dentes sobre as razões por trás dessa marginalização, e muitos culpados foram identificados. A explicação mais plausível, contudo, parece ser o impacto generalizado e profundamente enraizado da secularização. Independentemente das causas exatas, o papel reduzido da igreja como instituição fica cada vez mais evidente. No que nos diz respeito, a consequência dessa realidade é que o antigo modelo de confronto "profeta *versus* poder estabelecido", que replicava a noção veterotestamentária de "profeta *versus* rei", se torna cada vez mais difícil de implementar e menos impactante na sociedade. Um modelo de confronto pressupõe que a "voz profética" tenha influência social ou moral suficiente para ser ouvida. Hoje, a antiga "postura profética" de tais igrejas carece de boa parte dessa autoridade, tornando o método de confronto amplamente ineficaz. Diante desse contexto, que acredito ser inquestionável, penso que qualquer expressão "profética" deva ser mais sutil, mais complexa e, talvez, ainda mais irônica.

Por essa razão, é essencial compreendermos que os textos proféticos que retratam grandes confrontos não devem ser diretamente imitados ou reencenados. Em vez disso, devem ser vistos como recursos para inspirar e capacitar a aspirante voz profética, oferecendo sabedoria e coragem, ao mesmo tempo que exigem uma criatividade considerável para aplicar tais textos às situações atuais. Essa adaptação, necessária ao contexto contemporâneo, envolve tratar textos proféticos como um texto, e não como uma "personalidade", uma tendência típica do antigo modelo de confrontação. Assim, minha ênfase na imaginação demonstrou estar absolutamente correta, pois o que se requer atualmente é que uma voz profética relativamente sem poder encontre formas criativas que estão enraizadas no texto mas que, livre e ousadamente, saiam do texto em direção às situações concretas. Vista dessa forma contextual, a "imaginação profética" exige mais do que a antiga abordagem liberal da confrontação, uma vez que o objetivo não é uma postura, mas gerar mudanças na perspectiva social e nas políticas sociais.

II

Visto que sugeri uma espécie de equivalência entre a "consciência monárquica" e a "falsa consciência", devo reconhecer uma crítica à minha posição levantada por meu amigo J. J. M. Roberts e seus alunos. A crítica perene dessa perspectiva é que eu fui severo demais com a monarquia no Antigo Testamento e que tratei a temática da realeza de forma muito dura e desdenhosa. Pode haver certa verdade nisso, mas é importante compreendermos duas bases para as nuances bastante diferentes que cada um de nós traz para esse tópico. Em primeiro lugar, eu busquei elaborar uma profunda crítica social das ideologias presentes nos textos da monarquia. Isto é, eu trouxe para o texto minha própria hermenêutica de suspeita. Essa abordagem me parece justificada, especialmente quando consideramos os resultados do reinado de Salomão, que se encerra em uma interação entre a *idolatria* (1Reis 11:1-13) e *uma crítica às políticas econômicas relacionadas ao trabalho* (1Reis 12:1-19). A combinação de idolatria e política econômica traem uma suspeita contra a monarquia, expressa no texto. Em segundo lugar, é evidente que a monarquia se encerrou, e qualquer leitura do Antigo Testamento deixa claro que o veredito do julgamento é que o término aconteceu por causa da desobediência à Torá. Penso ser difícil interpretar a questão da desobediência à Torá sem considerar as realidades sociais. Desse modo, creio que qualquer defesa teológica robusta da monarquia do Antigo Testamento, tal como era praticada de fato, precisa ignorar a análise social e manter certa ingenuidade. Em terceiro lugar, acredito que a motivação subjacente à defesa da monarquia seja preparar o terreno para a compreensão de Cristo como o ponto culminante da linhagem real, mas esse raciocínio teológico difere do tipo de análise que estou fazendo. Eu não desejo diminuir a legitimidade das opiniões acadêmicas de meus críticos, e, no fim das contas, pode ser que simplesmente discordemos em nossa leitura dos textos. Reconheço que nenhum dos nossos julgamentos é objetivo ou imparcial, quer o meu, quer o deles. No entanto, creio ser justo articular a base do nosso desacordo, reconhecendo o meu próprio julgamento como provisório.

III

A interface entre "profético" e "imaginação" demonstrou ser muito importante. Todavia, devo admitir que a redação para o livro foi um acaso, uma decisão sobre o título tomada tardiamente no processo de publicação. Trata-se, no entanto, de um acaso feliz, já que a fé profética, retratada de forma crua e confrontativa, mas sem imaginação, é um fracasso. No que diz respeito à frase do título, tenho o prazer de notar que, em 1982, logo após a publicação de meu livro, F. Asals ofereceu seu estudo da obra de Flannery O'Connor em seu livro *Flannery O'Connor: the imagination of extremity* [Flannery O'Connor: imaginando a extremidade].[6] Ainda melhor que isso, seu sexto capítulo é intitulado "A imaginação profética".[7] É claro que é um exagero comparar meus escritos, naquela época ou agora, à arte indomável de Flannery O'Connor. No entanto, estou convencido de que a combinação de "profético" com "imaginação" conduz inevitavelmente a um domínio artístico no qual a verdade é transmitida de forma e perspectiva tão únicas que resiste ser facilmente cooptada ou domesticada por forças interpretativas hegemônicas. Sobre o trabalho de O'Connor, Asals faz a seguinte avaliação:

> A imaginação, descobriu O'Connor, pode realizar muito mais; ela pode servir de canal para uma consciência visionária [...]. Para O'Connor, assim como para Tomás de Aquino, a imaginação, profundamente enraizada no subconsciente humano, é o elo entre as profundezas do "eu" e os confins invisíveis do universo; a imaginação tem o poder de revelar ao finito ser humano seu destino apocalíptico [...]. Para ela, a imaginação é uma força tão perigosa quanto qualquer uma das forças identificadas por Freud,

---

[6]Frederick Asals, *Flannery O'Connor: the imagination of extremity* (Athens: University of Georgia Press, 1982).

[7]Ibidem, p. 198-233.

pois, nos momentos intensos e reveladores nos quais encontra plena expressão, ela leva ao tipo de visões imprevistas e perturbadoras que alteram profundamente a vida de seus personagens.[8]

[...] como guardiã institucional da Palavra profética, a igreja tem sido pouco hospitaleira à voz individual que clama: "Assim diz o Senhor".[9]

[...] Longe de rejeitar o corpo e os sentidos, os temas ascéticos nas obras posteriores de O'Connor se esforçam por validar tais aspectos. Seu objetivo é libertá-los da falsa consciência de seus protagonistas, permitindo-lhes experimentar a realidade. Contudo, para a mente profética, a realidade é sempre dupla: "Este mundo, não mais a sombra de ideias abstratas de uma esfera superior, é, de fato, real, mas não absoluto; a realidade do mundo depende de compatibilidade com Deus".[10] Para o sacramentalismo de O'Connor, o mundo natural se transforma no veículo para o sobrenatural, de modo que o retorno literal de seus personagens às suas faculdades plenas se torna a maneira de abrir a imaginação deles para o sobrenatural.[11]

O sofrimento é central para a consciência profética. "O profeta está preparado para a dor. Um dos efeitos da presença do profeta é intensificar a capacidade de sofrimento das pessoas, rasgando o véu que existe entre a vida e a dor" [...].[12] Esse imperativo ascético em O'Connor é parte dessa consciência profética [...].[13]

Como escritora de ficção, Flannery O'Connor simplesmente não tinha interesse em — nem imaginação para — "um cristianismo socialmente desejável".[14]

---

[8]Ibidem, p. 213.

[9]Ibidem, p. 215.

[10]Ibidem, p. 221, citando uma definição de Abraham Heschel em *The prophets* (New York: Harper & Row, 1962), p. 10.

[11]Ibidem, p. 221.

[12]Ibidem, p. 226, cit. Heschel, p. 179.

[13]Ibidem, p. 226.

[14]Ibidem, p. 227.

> Apesar de concreta, intensa e imaginativa, a forma do discurso profético é, todavia, uma "espada afiada", transmitindo uma visão "designada a chocar em vez de edificar".[15]
>
> A moderação é uma ilusão; apenas extremistas estão em contato com a realidade.[16]

Da mesma forma que a escrita de O'Connor é densa, Asals também emprega alusões densas, as quais não elucidarei aqui. Basta notarmos, em primeiro lugar, que O'Connor apela em grande medida a Abraham Heschel, uma figura também proeminente para o meu trabalho. Em segundo lugar, é importante notarmos que sua noção do profético corresponde a uma verdade inexplicável, a qual vai além da normalidade de seus personagens. Portanto, admito que o *profético* precisa ser *imaginativo*, visto estar urgentemente fora e além do que consideramos comum e razoável.

A análise de Asals esclarece que O'Connor enfatiza uma preocupação com a "falsa consciência", a qual rotulei de "consciência monárquica". Essa noção envolve o reconhecimento do papel central do sofrimento na recepção da verdade e a oposição de instituições estabelecidas e das normas sociais a essa imaginação. É inevitável que as palavras e ações dos profetas pareçam absurdas. No entanto, é exatamente esse absurdo que pode incorporar a verdadeira essência de uma imaginação obediente.

IV

Porque este livro pretende ajudar na prática da igreja, tomo a liberdade de comentar sobre o "habitat natural" das vozes proféticas. Sem dúvida, Deus pode "levantar profetas" e autorizar vozes e feitos proféticos na plenitude de sua liberdade

---

[15] Ibidem, p. 228, com uma citação de Heschel, p. 7.

[16] Ibidem, p. 233.

divina — em qualquer lugar, a qualquer momento, sob quaisquer circunstâncias. Se, porém, pensarmos no lado humano da questão, não será surpresa que alguns ambientes sociais sejam mais acolhedores do que outros para os profetas e, também, mais prováveis como o ponto focal de seu aparecimento. Penso que, seguindo a noção proposta por Wilson de "profetas periféricos", os profetas se encontrem "naturalmente" em subcomunidades que estejam em tensão contra a comunidade dominante em qualquer economia política.[17]

A subcomunidade, passível de gerar profecia, participará da vida pública da comunidade dominante, porém o fará a partir de certa perspectiva e com certa intenção. É provável que essa subcomunidade tenha as seguintes características:

- uma *consciência histórica profunda e acessível*, a qual submerge a geração atual em um passado bem definido, mantido vivo através de canções e histórias;
- um *senso de dor* disponível e expresso que é admitido e recitado como um fato social real, visivelmente reconhecido de forma pública, e entendido como algo insuportável a longo prazo;
- uma *prática ativa de esperança*, uma comunidade que conhece as promessas que ainda não foram cumpridas, promessas que servem de julgamento do estado atual das coisas;
- um *modo eficaz de discurso*, respeitado ao longo das gerações, tido como distinto e ricamente codificado em formas que apenas os membros da comunidade entendem.

Em suma, essa subcomunidade é aquela em que os aspectos mais fundamentais da existência humana — realidades físicas,

[17]Wilson, *Prophecy and Society*, p. 69-83 e passim.

históricas e experienciais — são apreciados, honrados e estimados. É óbvio que essa subcomunidade percebe estar em uma posição de tensão de longo prazo com a comunidade dominante, que, na melhor das hipóteses, responde à subcomunidade como uma inconveniência e, na pior, como uma interrupção insuportável.

A partir dessa caracterização, três observações podem ser feitas:

1. Não é surpreendente que as "figuras proféticas" notáveis do século 20 tenham emergido de ambientes opressores que não haviam sido completamente sufocados pela tecnologia usurpadora, em circunstâncias nas quais as subcomunidades podiam encontrar espaço suficiente para práticas alternativas e de resistência.
2. O imenso poder tecnológico dos Estados Unidos faz da formação e da manutenção de subcomunidades alternativas de resistência algo extremamente difícil. Ademais, apesar de nossa dita valorização da "liberdade individual", a tendência para a uniformidade é avassaladora — em parte atraente, em parte coercitiva, em parte como o irresistível efeito da riqueza, mas, de qualquer forma, não hospitaleira às "diferenças".
3. Embora uma congregação cristã na próspera nação estadunidense não seja exatamente parecida com as subcomunidades alternativas de resistência em sociedades mais notavelmente brutais, é possível pensar ministerialmente a igreja como uma subcomunidade nos Estados Unidos. Não se trata de defender o isolamento sectário — uma acusação que costuma ser feita contra Stanley Hauerwas e Will Willimon —, nem de promover uma comunidade mal-humorada exclusivamente centrada no protesto e no "ativismo social" de confronto. Em vez disso, trata-se de sugerir uma comunidade com diálogo e práticas únicas em torno da memória, da esperança e do sofrimento, que mantém aberto o acesso a uma vida humana saudável diante da "realidade virtual" oferecida pela cultura

dominante. A reflexão na fé bíblica indicará que o discurso do texto bíblico nos oferece formas de expressão que possibilitam essa comunidade. Criar e manter esse tipo de subcomunidade exige um compromisso coletivo de engajamento com gestos de resistência e com atos de esperança profunda, os quais requerem uma liderança pastoral que aja com um enfoque eclesial intencional, a saber, uma subcomunidade com uma disposição evangélica ao engajamento público.

Em nosso mundo contemporâneo, conseguimos observar profetas-em-face-de-opressão. Não é fácil, em nosso ambiente eletrônico de consumismo, imaginar o discurso profético e a ação profética, mas talvez esse consumismo seja a principal arena para a fé profética nos Estados Unidos. Como qualquer subcomunidade vibrante sabe, o requisito essencial para a sua existência é a convicção de que ela pode ser diferente, e que de fato será, porque os propósitos de Deus são inabaláveis. A falta dessa convicção, uma vulnerabilidade que todos enfrentamos, leva a uma conformidade resignada, criando uma atmosfera em que o profético se torna bastante improvável.

V

Fui levado a uma compreensão totalmente nova da imaginação teológica pelo livro profundamente perturbador, mas ao mesmo tempo tranquilizador, de William T. Cavanaugh: *Torture and eucharist: theology, politics, and the body of Christ* [Tortura e eucaristia: teologia, política e o corpo de Cristo].[18] O livro é uma reflexão crítica incrível sobre o papel e a conduta da Igreja Católica Romana no Chile durante os anos de terror sob Pinochet.

---

[18]William T. Cavanaugh, *Torture and eucharist: theology, politics and the body of Christ* (Oxford: Blackwell Publishers, 1998).

Na análise de Cavanaugh, a intenção por trás do terror e da tortura impostos por Pinochet era tornar a comunidade humana impossível, eliminando qualquer possibilidade de dissidência humana ou alternativa humana, assegurando, assim, o absolutismo do Estado.

Em sua análise, Cavanaugh conclui que, durante os primeiros anos dessa brutalidade, a Igreja e suas lideranças estavam adormecidas para essa mudança, passivamente cedendo tudo ao regime. A partir de certo ponto, porém, os bispos da Igreja começaram a perceber que o milagre da formação de comunidades que ocorria por meio da Eucaristia era um veículo para o governo de Deus e um instrumento prático para gerar comunidades de resistência contra o Estado. Assim, tanto em bases teológicas profundas como em considerações práticas, a Eucaristia provou ser um antídoto eficaz, ainda que arriscado, contra a tortura.

Nas passagens finais de sua exposição, Cavanaugh reflete sobre a força da imaginação litúrgica ao apelar ao romance *Imagining Argentina* [Imaginando a Argentina], de Lawrence Thornton.[19] Na narrativa, o personagem principal, Carlos Rueda, recebe "um dom peculiar e milagroso": a capacidade de criar futuros por meio de atos de imaginação antecipatória. Cavanaugh faz a seguinte observação:

> Particularmente notável é que o dom de Carlos é mais do que apenas o dom de ver: suas histórias sobre pessoas podem realmente alterar a realidade. Homens aparecem no meio da noite para devolver bebês sequestrados de suas mães; buracos se abrem em paredes sólidas de concreto e prisioneiros torturados caminham para a liberdade. A imaginação de Carlos realmente encontra pessoas desaparecidas. [...] Apesar de testemunharem esses acontecimentos milagrosos, os amigos de Carlos continuam céticos, convencidos de que Carlos não pode enfrentar

[19] Lawrence Thornton, *Imagining Argentina* (New York: Doubleday, 1987).

tanques com histórias, nem helicópteros apenas com a imaginação. Eles só conseguem ver o conflito como fantasia *versus* realidade. Carlos, por outro lado, entende, e com razão, que a disputa não é entre o imaginário e o real, mas entre dois tipos de imaginação: a dos generais e a de seus opositores. A horrível realidade da tortura e dos desaparecimentos forçados é resultado direto daquilo que os líderes militares imaginam para a Argentina e o seu povo. Carlos percebe que "estava vivendo o sonho idealizado por Gusman [o general] e os demais, isto é, que estava vivendo dentro da imaginação deles".[20]

Em seguida, Cavanaugh extrai uma citação da própria narrativa:

> Eles se lembram de uma época anterior à do regime, mas não levam a imaginação para além da memória; afinal, ter esperança é muito doloroso. Enquanto aceitarmos o que os homens [no poder] imaginam, estaremos acabados [...]. Temos de acreditar no poder da imaginação, porque é tudo o que temos — e a nossa imaginação é mais forte que a deles.[21]

Cavanaugh, então, conclui com uma reflexão sobre a narrativa:

> Referir-se à tortura como a "imaginação do Estado" como eu fiz não é, obviamente, negar a realidade da tortura, mas chamar atenção para o fato de que a tortura é parte do drama de incitar pessoas a desempenharem certos papéis no projeto imaginativo que é o Estado-nação. De forma semelhante, em *Imagining Argentina*, a imaginação de Carlos é manifesta em efeitos reais: escapar da imaginação do Estado significa que corpos são

---

[20] Cavanaugh, *Torture and eucharist*, p. 278, com uma citação de Thornton, p. 131.

[21] Lawrence, *Imagining Argentina*, p. 65, cit. Cavanaugh, *Torture and Eucharist*, p. 279.

> libertos. A imaginação é definida como nada menos que "a causa magnífica do ser". A narrativa de Thornton nos dá um vislumbre do que significa fazer a estranha afirmação de que a Eucaristia é a chave para a resistência cristã contra a tortura. Participar da Eucaristia é viver dentro da imaginação de Deus, é ser capturado por aquilo que é mais real do que qualquer outra coisa: o corpo de Cristo. À medida que seres humanos, de corpo e alma, são incorporados à atuação do *corpus verum* de Cristo, eles resistem à habilidade do Estado de definir o que é real ao se utilizar do mecanismo da tortura.[22]

Pouco resta a ser dito sobre a imaginação como uma força teológica.

Exceto para observar que, sem dúvida, a necessidade de imaginação eucarística nos Estados Unidos é muito diferente dessa mesma necessidade nos contextos abusivos que prevaleceram na Argentina e no Chile. Na verdade, a diferença é tão grande que poderíamos julgar não haver transferência de poder imaginativo de um contexto para o outro. Enquanto as sociedades sul-americanas sofrem com torturas e abusos físicos, a situação cultural nos Estados Unidos, saciada pelos bens de consumo e impulsionada pela tecnologia eletrônica, é de uma insensibilidade narcotizada à realidade humana. Pode ser, contudo, que tanto a tortura quanto a saciedade do consumo desempenhem a mesma função negativa: negar uma imaginação vívida e comunitária, capaz de resistir ao desespero conformista de uma humanidade descerebrada.

Se a Eucaristia é potencialmente um ato de resistência e uma alternativa contra a tortura, talvez a imaginação eucarística também tenha o potencial de contrariar a saciedade de bens. É evidente que, na sociedade estadunidense, tal como em

[22]Cavanaugh, *Torture and Eucharist*, p. 279.

contextos mais abertamente opressivos, existem dois tipos conflitantes de imaginação: a "dos generais e a dos seus oponentes", ou aquela dos que se alinham com a ideologia do consumo e dos que resistem a ela. Fato é que, nos Estados Unidos, nós facilmente vivemos "dentro dessa imaginação consumista", enquanto a imaginação profética é capaz de mudar nossa perspectiva para vivermos dentro da "imaginação de Deus". Sem dúvida, qualquer transformação significativa no comportamento humano depende de uma imaginação transformada. Embora o entorpecimento não cause as dores físicas da tortura, ele nos rouba de nossa capacidade de uma experiência humana autêntica.

O que a tradição profética sabe é que ela pode ser diferente, e que essa diferença pode ser posta em prática. Ao final desta edição do livro, listei alguns exemplos de imaginação profética posta em ação. Listei pessoas, comunidades e instituições que se recusaram a viver dentro de uma imaginação estranha e entorpecedora, e que aceitaram a própria "imaginação de Deus". A capacidade dessa imaginação alternativa não é nem forte, nem sábia. Sem dúvida, porém:

> Porque a loucura de Deus é mais sábia que a sabedoria humana, e a fraqueza de Deus é mais forte que a força do homem. Irmãos, pensem no que vocês eram quando foram chamados. Poucos eram sábios segundo os padrões humanos; poucos eram poderosos; poucos eram de nobre nascimento. Mas Deus escolheu as coisas loucas do mundo para envergonhar os sábios, e escolheu as coisas fracas do mundo para envergonhar as fortes. Ele escolheu as coisas insignificantes do mundo, as desprezadas e as que nada são, para reduzir a nada as que são (1Coríntios 1:25-28).

VI

O que me resta é expressar gratidão em conexão com esta segunda edição do livro. O ímpeto para a segunda edição veio de K. C. Hanson, da Fortress Press. Além de seu ímpeto, Hanson fez boa parte do trabalho na preparação desta nova edição. Ele fez um esforço extensivo na atualização do texto, fornecendo novas notas e preparando as bibliografias ao final da nova versão. Sem ele, eu não teria completado esta segunda edição; por isso, sou grato a ele.

Além dele, sou grato, como sempre, a Tempie Alexander, que realizou seu habitual trabalho cuidadoso e criterioso. Talvez seja justo reconhecer também as décadas de leitores que leram, usaram e responderam a esse livro, mantendo-o, assim, em circulação. Tenho a sensação, juntamente com os leitores, de estar envolvido com questões missionais de vida e morte, com as quais devemos, hoje, nos ocupar.

Walter Brueggemann
Período do Pentecoste, 2000

PREFÁCIO À PRIMEIRA EDIÇÃO

TALVEZ TENHA chegado a hora de a igreja refletir de forma séria sobre a profecia como um elemento crucial do ministério. Certamente, a indignação estudantil da década de 60 praticamente desapareceu, mas ao mesmo tempo há uma preocupação e um retorno às questões mais básicas da fé bíblica.

A análise a seguir é uma tentativa de entender qual era a intenção dos profetas, indo além dos estereótipos comuns de que eles eram meros preditores do futuro ou ativistas sociais. O argumento aqui é que os profetas estavam preocupados com mudanças fundamentais na sociedade humana e tinham uma compreensão profunda de como essas mudanças acontecem. Os profetas percebiam o potencial de mudança como algo muitas vezes atrelado aos extremos emocionais da vida. Eles estavam cientes da estranha incongruência entre o que é professado publicamente e o que é ansiado em particular. Acima de tudo, eles entendiam o poder único da linguagem — a capacidade de falarmos de maneiras que evocam o "novo em palavras". Nossa análise postula que uma visão profética da realidade se baseia na ideia de que todas as realidades sociais se originam de uma linguagem inovadora. Todo regime autoritário pretende suprimir essa linguagem de novidade, e estamos começando a compreender que, onde essa linguagem é interrompida, há uma diminuição de nossa humanidade.

As palestras contidas neste livro foram apresentadas pela primeira vez aos ministros da United Church of Christ and Disciples of Christ, no estado de Washington — onde fui graciosamente recebido por Larry Pitman e James Halfaker —, e ao North Park Seminary, em Chicago, onde o reitor Glenn Anderson me serviu de encorajamento e apoio. Como em tantas partes do meu crescimento e aprendizado, meu colega M. Douglas Meeks estimulou essas reflexões.

Este livro é oferecido em agradecimento a inúmeras irmãs que têm encontrado, enfim, aceitação no ministério ordenado. Para mim, obviamente, esse grupo distinto de colegas é encabeçado pela minha esposa, Mary, que pastoreia de forma profética, mas também inclui um número cada vez maior de mulheres, as quais se tornaram minhas alunas e colegas no Eden Seminary.

Tenho ciência de que este livro é diferente por causa da consciência feminista emergente, a qual tem impactado o melhor de nosso pensamento teológico. Esse impacto não se resume em cruzadas abrasivas, mas em diferentes nuances de nossa percepção. Não penso que mulheres ministras e teólogas tenham sido as primeiras a discernir as realidades da dor e do deslumbramento em nossa vida, porém elas nos ajudaram a enxergá-las como dimensões importantes da realidade profética. De muitas maneiras, essas irmãs me permitiram ver coisas que de outra forma passariam despercebidas, e por isso estou grato — e maravilhado.

WALTER BRUEGGEMANN
Eden Theological Seminary
Quaresma, 1978

Abreviações

AB	Anchor Bible
ABD	*Anchor Bible Dictionary*
a.C.	Antes de Cristo
ATR	*Anglican Theological Review*
BA	*Biblical Archeologist*
BTB	*Biblical Theology Bulletin*
CBQ	*Catholic Biblical Quarterly*
ChrCent	*Christian Century*
EcRev	*The Ecumenical Review*
FOTL	The Forms of the Old Testament Literature
GBS	Guides to Biblical Scholarship
IDBS	*Interpreter's Dictionary of the Bible, Supplementary Volume*
Interp	*Interpretation*
JAAR	*Journal of the American Academy of Religion*
JBL	*Journal of Biblical Literature*
JSOT	*Journal for the Study of the Old Testament*
JSOTSup	JSOT Supplement Series
KAT	Kommentar zum Alten Testament
OBT	Overtures to Biblical Theology
SAA	State Archives of Assyria
SAAS	State Archives of Assyria Studies
SBL	Society of Biblical Literature
SBT	Studies in Biblical Theology
SBTS	Sources for Biblical and Theological Study

SWBA	The Social World of Biblical Antiquity Series
TUMSR	Trinity University Monograph Series in Religion
VTS	VT Supplements
ZAW	*Zeitschrift für die alttestamentliche Wissenschaft*
ZTK	*Zeitschrift für Theologie und Kirche*

1

A comunidade alternativa de Moisés

Ao estudar os profetas de Israel, deve-se levar em conta tanto a evidência encontrada no Antigo Testamento quanto a situação contemporânea da igreja. O que entendemos sobre o Antigo Testamento precisa, de alguma forma, estar conectado com as realidades da igreja de hoje. Assim, começarei com uma declaração de como vejo nossa situação atual e o desafio com o qual nos deparamos no ministério. Não elaborarei demais o meu argumento, mas apenas fornecerei um esboço da perspectiva a partir da qual apresento o assunto.

A igreja contemporânea dos Estados Unidos está tão aculturada ao espírito estadunidense do consumismo que tem pouco poder de fé e ação. Essa aculturação é, até certo ponto, verdadeira em todo o espectro da vida da igreja, tanto liberal como conservador. Pode não ser uma situação nova, mas parece especialmente urgente e premente neste momento. A enculturação é verdadeira não apenas para a Igreja como instituição, mas também para nós como indivíduos. Nossa consciência tem sido reivindicada por falsos campos de percepção e por sistemas idólatras de linguagem e retórica.

A causa interna dessa aculturação é a nossa perda de identidade causada pelo abandono da tradição da fé. Nossa cultura de consumo é organizada contra a história. Há uma depreciação da memória e uma ridicularização da esperança, o que significa que tudo deve ser mantido no agora, seja em um "agora urgente" ou em um "agora eterno". De qualquer forma, uma comunidade enraizada em memórias energizantes e convocada por esperanças radicais é tida como um fenômeno curioso e uma ameaça a essa cultura. Quando sofremos de amnésia, toda forma de autoridade séria para a fé é posta em dúvida, e vivemos uma vida de fé não autorizada, praticando ministérios não autorizados.

A igreja não terá poder para agir ou acreditar até que recupere sua tradição de fé e permita que essa tradição seja a sua principal saída dessa aculturação. Não se trata de um clamor pelo tradicionalismo, e sim de uma constatação de que a igreja não tem nada mais urgente do que a reapropriação da sua memória em todo o seu poder e autenticidade. Isso é verdade entre os liberais — que se consideram sofisticados demais para se lembrarem do passado — e entre os conservadores, cuja memória da fé foi revestida com todo o tipo de cercas, com cara de cientificismo e de Iluminismo.

É tarefa do ministério profético promover uma conexão eficaz entre as reivindicações da tradição e a situação de aculturação. Ou seja, o profeta é chamado a ser um filho da tradição, alguém que a levou a sério na formação do seu próprio campo de percepção e sistema de linguagem e que está tão à vontade nessa memória que os pontos de contato e a incongruência com a situação da igreja na cultura podem ser discernidos e articulados com a devida urgência.[1] A seguir, gostaria de insistir que existem

---

[1]Certamente, o profeta vive em tensão com a tradição. Embora ele seja de fato moldado pela tradição, o ato de se livrar dela para afirmar a nova liberdade de Deus também é uma característica do profeta. Compare Walther Zimmerli,

modelos precisos nas Escrituras para discernirmos o ministério profético dessa forma.

Um estudo dos profetas de Israel também deve levar em conta tanto o melhor da erudição contemporânea quanto o que a própria tradição parece nos dizer. Provavelmente haverá alguma tensão entre a tradição e os estudos contemporâneos, e é crucial nos atentarmos a isso. O cansaço e a serenidade das igrejas atualmente fazem com que este seja um momento oportuno para revisitarmos os profetas e dissiparmos mal-entendidos de longa data. O equívoco conservador predominante, evidente em vários adesivos de para-choque,[2] é que o profeta é um adivinho, um preditor do que está por vir (quase sempre, más notícias), normalmente com referências específicas a Jesus. Embora não se queira negar totalmente essas facetas da prática profética, parece que há nelas uma espécie de reducionismo mecânico e, portanto, insustentável. Embora os profetas sejam, de certa forma, preditores do futuro, sua preocupação é com o futuro na proporção em que ele afeta o presente. Por outro lado, os liberais, tendo abdicado do futuro, entregando-o aos conservadores, concentraram todo o seu foco no presente. Assim, a profecia é reduzida à mera indignação justa e, nos círculos por onde passo, é majoritariamente entendida como ação social. De fato, essa percepção progressista da profecia é um recurso atraente para manter as aparências diante do excesso de abrasividade que há no serviço de quase qualquer causa. Talvez o melhor fosse deixar que

---

"Prophetic proclamation and reinterpretation", in: Douglas A. Knight, org., *Tradition and theology in the Old Testament* (Philadelphia: Fortress Press, 1977), p. 69-100. De maneira mais ampla, Joseph Blenkinsopp, *Prophecy and Canon: a contribution to the study of Jewish origins*, Studies of Judaism and Christianity in Antiquity 3 (Notre Dame: Notre Dame Univ. Press, 1977), explora a autoridade encontrada na tensão contínua entre profeta e tradição.

[2]Brueggemann alude a diversos adesivos como: "Em caso de arrebatamento, este carro ficará desgovernado", altamente populares nos Estados Unidos nos anos oitenta. (N. T.)

as perspectivas dos conservadores — focadas no futuro — e as críticas dos liberais — centradas no presente — se equilibrassem; mas mesmo essa abordagem seria reducionista. Segundo entendo, nenhuma das duas perspectivas capta o que está na essência da compreensão israelita da profecia.

A hipótese que explorarei é esta: *a tarefa do ministério profético é nutrir, fomentar e evocar uma consciência e uma percepção alternativas à consciência e percepção da cultura dominante que nos rodeia.*[3] Assim, sugiro que a principal função do ministério profético não é a de abordar questões sociais específicas, mas de desafiar, a tempo e fora de tempo, um problema mais duradouro e resiliente: o problema de termos a nossa vocação alternativa cooptada e domesticada. Obviamente, pode ser que esse desafio abrangente se manifeste ao redor de diversas situações concretas ao longo do tempo, mas ele diz respeito à crise duradoura que liga uma questão concreta à outra. Esse ponto é particularmente importante para os liberais *ad hoc*, que saltam de uma preocupação social para a outra sem reconhecerem a domesticação da visão presente em cada uma delas.

No desmantelamento da consciência dominante, a consciência alternativa a ser nutrida, por um lado, serve para *criticar*. Nessa medida, tenta fazer o que a tendência liberal tem feito: envolver-se na rejeição e deslegitimação da atual ordem das

---

[3]De modo formal, o argumento se baseia na sociologia de Peter Berger; Thomas Luckmann, *The social construction of reality: a treatise in the sociology of knowledge* (Garden City: Doubleday, 1966) [edição em português: *A construção social da realidade: tratado de sociologia do conhecimento* (São Paulo: Vozes, 2014)]; Peter Berger, *The sacred canopy: elements of a sociological theory of religion* (Garden City,: Doubleday, 1967) [edição em português: *O dossel sagrado: elementos para uma teoria sociológica da religião* (São Paulo: Paulus, 1985)]; Thomas Luckmann, *The invisible religion: the problem of religion in modern society* (New York: Macmillan, 1967) [edição em português: *A religião invisível* (São Paulo: Loyola, 2014)]. Contudo, nossa preocupação é com a substância do ministério profético, e não apenas com interpretações formais. Quanto à essência, a questão foi bem colocada por Douglas John Hall, *Lighten our darkness: toward an indigenous theology of the cross* (Philadelphia: Westminster, 1976).

coisas. Por outro lado, essa consciência alternativa a ser nutrida serve para *energizar* pessoas e comunidades por meio de sua promessa de outro tempo e situação, para os quais a comunidade de fé pode caminhar. Assim, ela tenta fazer o que a tendência conservadora tem feito: viver em fervorosa antecipação da novidade que Deus prometeu e certamente concretizará.

Nessa forma de pensar, a palavra-chave é *alternativa*, e cada ministro profético e cada comunidade profética deve lutar com o que o termo sugere. Isso levanta as seguintes questões: alternativa em relação a quê, exatamente? Alternativa de que modo? Quão radical ela deve ser? É possível uma alternativa que resista à assimilação? E, muito concretamente, como apresentar e pôr em prática alternativas numa comunidade de fé que, em geral, não compreende a existência de alternativas ou não está preparada para adotá-las, caso elas surjam? Trata-se, assim, de uma prática ministerial para a qual há pouco preparo, mesmo entre seus pretensos praticantes. Portanto, meu clamor prático é que cada ação de um ministério profético deve contribuir para evocar, formar e reformar uma comunidade alternativa. Isso se aplica a cada faceta e a cada prática do ministério. É indicativo de nossa aculturação o fato de diferentes facetas do ministério, tais como aconselhamento, tarefas administrativas e até atividades litúrgicas, terem evoluído para funções autônomas, em vez de serem percebidos como componentes de uma missão profética unificada para o estabelecimento e a reforma de comunidades alternativas.

Estes qualificadores funcionais, *crítico* e *energizante*, são importantes. Sugiro que a cultura dominante, hoje e sempre, é grosseiramente acrítica, incapaz de tolerar críticas sérias e fundamentais, e fará de tudo para impedi-las. Ademais, a cultura dominante é uma cultura desgastada, quase incapaz de ser seriamente energizada para as novas promessas de Deus. Sabemos, evidentemente, que nenhum de nós gosta de críticas, mas também podemos reconhecer que nenhum de nós gosta muito de ser energizado, pois isso exige algo de nós. A tarefa do ministério profético é manter a crítica e a energização unidas, pois argumento que tanto uma quanto a outra, por si sós, não são fiéis à nossa melhor tradição. Nossa tradição de fé entende que é precisamente a dialética da crítica e da energização que nos permite sermos seriamente fiéis a Deus. E podemos ir além e sugerir que escolher entre criticar e energizar é a tentação do liberalismo e do conservadorismo, respectivamente. Liberais são bons em criticar, mas muitas vezes não têm uma palavra promissora para compartilhar; conservadores são bons em imaginar futuros promissores e em convidar para uma visão alternativa, mas falham em uma crítica profética contundente. Aqueles de nós que estão diretamente encarregados dessa dupla responsabilidade percebem que ser chamado para manter essa pressão dialética é uma tarefa e tanto. E cada um de nós tende a gravitar mais para um ou outro lado.

Como ponto de partida nessas considerações, proponho que a nossa compreensão de profecia surge da tradição pactual de Moisés. Não minimizo as importantes contribuições acadêmicas relativas aos antecedentes gentílicos da profecia em Israel. Eles incluem: (1) estudos sobre o fenômeno cananeu do êxtase, certamente repetido em 1Samuel 10 e 19; e, mais recentemente, (2) evidências vindas da cidade de Mari e da Assíria relativas a cargos institucionais de profecia, tanto nas expressões de adoração como na corte.[4] Ambas as evidências iluminam práti-

[4]Dados sobre o êxtase profético foram resumidos por Johannes Lindblom, *Prophecy in ancient Israel* (Philadelphia: Fortress Press, 1973; ed. original, 1962). Compare V. Epstein, "Was Saul also among the prophets?", *ZAW* 81 (1969): 287-304; Robert R. Wilson, "Prophecy and ecstasy: a reexamination", *JBL* 98 (1979): 321-37, reimpresso em C. E. Carter; C. L. Meyers, orgs., *Community, identity, and ideology: social science approaches to the Hebrew bible* (Winona Lake: Eisenbrauns, 1996), p. 404-22. Deve-se notar o trabalho comparativo de Thomas Overholt, *Channels of prophecy: the social dynamics of prophetic activity* (Minneapolis: Fortress Press, 1989).

cas e convenções às quais Israel, sem dúvida, recorreu em seus extensos empréstimos. Contudo, a tradição em si não é ambígua quando se trata da figura dominante de Moisés, que fornece a nossa compreensão primária. Ou seja: a formação de Israel ocorreu a partir de sua própria experiência e confissão de fé, e não através da apropriação externa de algum outro lugar. Esse apelo é fundamental para este exame, pois insisto, paralelamente, que, se a igreja quiser ser fiel, deve ser formada e ordenada de dentro de sua própria experiência e confissão, não por meio de empréstimos de fontes externas à sua própria vida.[5]

O ministério de Moisés, como George Mendenhall e Norman Gottwald insistiram recentemente, representa uma ruptura radical com a realidade social do Egito governado pelo faraó.[6]

Sobre Mari e materiais comparativos relacionados à profecia institucional, veja F. Ellenmeier, *Prophetie in Mari und Israel* (Herzberg: E. Jungfer, 1968); John H. Hayes, "Prophetism at Mari and Old Testament parallels," *ATR* 49 (1967): 397-409; Herbert B. Huffmon, "Prophecy in the Mari letters", *BA* 31 (1968): 101-24, e seus artigos concisos: "Prophecy in the ancient near east", *IDBS* (1976): 697-700, e "Prophecy (ancient near east)", ABD (New York: Doubleday, 1992) 5:477-82; Abraham Malamat, "A forerunner of biblical prophecy: the Mari documents", in: P. D. Miller Jr. et al., orgs., *Ancient Israelite religion: essays in honor of Frank Moore Cross* (Philadelphia: Fortress Press, 1987), 33-52; idem, "Prophecy at Mari", in: R. P. Gordon, org., *The place is too small for us: the Israelite Prophets in recent scholarship*, SBTS 5 (Winona Lake: Eisenbrauns, 1995), p. 50-73.

Sobre a profecia neoassíria, veja Martti Nissinen, *References to prophecy in neo-Assyrian sources*, SAAS 7 (Helsinki: Neo-Assyrian Text Corpus Project, 1998); Simo Parpola, *Assyrian prophecies*, SAA 9 (Helsinki: Helsinki Univ. Press, 1997).

[5]R. E. Clements, *Prophecy and tradition: growing points in theology* (Atlanta: John Knox, 1975); R. E. Clements, *Prophecy and covenant*, SBT 1/43 (Naperville, Ill: Allenson, 1965). Essa conclusão, estou ciente, vai contra a tendência atual dos estudos. Assim, por exemplo, Ronald Clements, em seu mais recente livro *Prophecy and tradition*, recuou um pouco de sua posição anterior, registrada em *Covenant and prophecy*. Atualmente, há a reafirmação de uma espécie de perspectiva neowellhausiana, e isso pode ser um importante corretivo à síntese de Gerhard von Rad. No entanto, gostaria de insistir que estamos em terreno sólido se tomarmos como ponto de partida Moisés como o profeta paradigmático que procurou evocar em Israel uma consciência alternativa.

[6]George E. Mendenhall, *The tenth generation: the origins of the biblical tradition* (Baltimore: Johns Hopkins Univ. Press, 1973), caps. 7-8; Norman K. Gottwald, "Domain assumptions and societal models in the study of pre-monarchic Israel", in: Congress Volume: Edimburgo 1974, VTS 28 (Leiden: Brill, 1978), p. 89-100,

A novidade e as inovações radicais de Moisés e de Israel nesse período dificilmente podem ser exageradas. Talvez a maioria de nós está tão acostumada com essas narrativas que já nos tornamos insensíveis à realidade social radical e revolucionária que emergiu por causa de Moisés.

É evidente que o surgimento de Israel pelas mãos dele não pode ser extrapolado de qualquer realidade anterior. Obviamente, nem a hipótese quenita (de que Moisés aprendeu o monoteísmo com seu sogro, Jetro, o queneu), nem o monoteísmo da décima oitava dinastia do Egito (instituída pelo faraó Aquenáton), nos ajudarão em nada. Embora haja indícios de que o Deus de Israel seja conhecido como o Deus dos pais (veja Êxodo 15:2), essa evidência é, na melhor das hipóteses, obscura. De qualquer maneira, a experiência dominante do Êxodo é decisiva, e não apenas uma memória à qual a tradição apenas alude. Independentemente de como esses antecedentes sejam finalmente compreendidos, *o aparecimento de uma nova realidade social* não tem precedentes. O Israel do século 13 a.C. é, de fato, *ex nihilo*, e essa nova realidade social nos leva à categoria de revelação.[7] Israel só pode ser entendido como um novo chamado de Deus e de sua afirmação de uma realidade social alternativa. A profecia nasce precisamente quando a emergência da realidade político-social é tão radical e inexplicável que sua causa não é nada menos do que teológica. Uma causa teológica sem uma realidade político-social só interessa a um religioso profissional, uma vez que não estamos preocupados com uma realidade político-social sem uma causa teológica. No entanto, é a

---

reimpresso em Gottwald, *The Hebrew Bible in its social world and in ours*, Semeia Studies (Atlanta: Scholars, 1993), p. 5-15; idem, *The tribes of Yahweh: a sociology of the religion of liberated Israel*, 1250-1050 B.C.E. (Maryknoll: Orbis, 1979) [edição em português: *As tribos de Iahweh* (São Paulo: Paulus, 2004)].

[7]Veja a coletânea de ensaios em Norman K. Gottwald; Richard A. Horsley, orgs., *The Bible and liberation: political and social hermeneutics*, ed. rev., Bible and Liberation Series (Maryknoll: Orbis, 1993).

interação entre uma causa e a outra que nos leva a falar — e a questionar — sobre o chamado ao ministério profético.[8]

Rompendo com o triunfalismo e a opressão

A ruptura radical de Moisés e de Israel relativa à realidade imperial é uma ruptura bidimensional — ou seja, tanto da religião do triunfalismo estático quanto da política da opressão e exploração. Moisés desmantelou a religião do triunfalismo estático ao expor os deuses e mostrar que eles, na verdade, não tinham poder e não eram deuses. Assim, a legitimidade mítica do mundo social do Faraó é destruída, pois fica demonstrado que o seu regime apela a sanções que, na verdade, não existem. As reivindicações míticas do império são destruídas com a divulgação *da religião alternativa da liberdade de Deus*.[9] No lugar dos deuses do Egito — produtos da idealização imperial —, Moisés revela que o soberano Yahweh não é extrapolado a partir de construções sociais nem cativo de alguma percepção social, mas age a partir de si mesmo para o cumprimento de seus próprios objetivos.

Ao mesmo tempo, Moisés desmantela a política de opressão e exploração, combatendo-a com uma *política da justiça e da compaixão*. A realidade emergente do Êxodo não é apenas uma

---

[8]Este ponto foi defendido com mais vigor por M. Douglas Meeks, *God the economist: the doctrine of God and political economy* (Minneapolis: Fortress Press, 1989).

[9]O tema da liberdade de Deus é fundamental em todo o programa de Karl Barth. Zimmerli expressou essa ênfase de maneira nova: "A proclamação profética quebra e transforma a tradição a fim de anunciar a abordagem daquele que é Vivo" ("Prophetic proclamation", p. 100). É trabalho dos teólogos da libertação articular as implicações sociais desta confissão teológica. Compare, por exemplo, Erhard S. Gerstenberger, "Der Befreiende Gott: Zum Standort lateinamerikanischer Theologie", in: H. T. C. Sun et al., orgs., *Problems in biblical theology: essays in honor of Rolf Knierim* (Grand Rapids: Eerdmans, 1997), p. 145-66; José Porfirio Miranda, *Marx and the Bible: a critique of the philosophy of oppression*, trad. para o inglês J. Eagleson (Maryknoll: Orbis, 1974).

nova religião, ou uma nova ideia religiosa, ou uma nova visão de liberdade, mas o surgimento de uma nova comunidade social na história, uma comunidade de corpo histórico, que teve de elaborar leis, padrões de governança e ordem, normas de certo e errado e sanções de responsabilização. De forma surpreendente a si mesmos, os participantes do Êxodo se encontram envolvidos na formação intencional de uma *nova comunidade social* que corresponde com a visão da *liberdade de Deus*. Essa nova realidade social, totalmente descontínua com o Egito, durou, em sua forma alternativa, por 250 anos.

Não compreenderemos o significado da imaginação profética se não enxergarmos a conexão entre a *religião do triunfalismo estático* e a *política da opressão e da exploração*. Karl Marx identificou essa conexão quando afirmou que a crítica da religião é a crítica definitiva e deve levar a uma crítica das leis, da economia e da política.[10] Os deuses do Egito são senhores imóveis da ordem. Exigem, sancionam e legitimam uma sociedade de ordem, que era precisamente o que caracterizava o Egito. Segundo Frankfort demonstrou, no Egito não houve revoluções nem buscas por liberdade. Havia apenas os arranjos políticos e econômicos necessários para providenciar a ordem "natural", isto é, a ordem do Faraó. Assim, a religião dos deuses estáticos não é — e nunca poderia ser — imparcial, mas inevitavelmente servia aos interesses dos que estavam no poder, presidindo e se beneficiando dessa ordem. O bom funcionamento dessa sociedade testemunhava quanto à legitimidade da religião, visto que reis prosperavam e tijolos eram produzidos.

A maravilha da fé profética está em sua capacidade de quebrar tanto os grilhões da religião imperial quanto da política imperial.

---

[10]A declaração programática de Marx na "Crítica da Filosofia do Direito de Hegel" é: "Assim, a crítica do céu é transformada na crítica da terra, a crítica da religião na crítica do direito, e a crítica da teologia na crítica da política", cit. Robert C. Tucker, org., *The Marx-Engels reader* (New York: Norton, 1972), p. 13.

Do ponto de vista religioso, as divindades reverenciadas no Egito foram expostas como meras invenções. Em termos políticos, a opressão por trás da confecção de tijolos se demonstrou ineficaz e desnecessária para a comunidade humana. Moisés não introduziu apenas um novo Deus livre acompanhado de uma mensagem de emancipação social. Antes, seu trabalho foi conduzido precisamente pelo entrelaçamento da *religião da liberdade de Deus* com a *política da justiça humana*. Partindo de Marx, podemos aprender que não teremos uma política de justiça e compaixão a não ser que tenhamos uma religião pautada na liberdade de Deus. Nós somos de fato feitos à imagem de algum Deus, e talvez não haja investigação teológica mais importante do que a de discernir à imagem de quem fomos feitos. Nossa sociologia é previsivelmente derivada, legitimada e refletida por nossa teologia. Por isso, se nos reunirmos em torno de um deus estático da ordem, um deus que apenas protege os interesses dos "ricos", a opressão não demorará em aparecer. Em contrapartida, se nos é revelado um Deus livre para ir e vir, livre das garras de um império e até mesmo contra ele, livre para ouvir e até mesmo responder aos apelos dos oprimidos, livre de qualquer adequação a um conceito de divindade definido pelo império, isso terá implicações profundas para a sociedade. A liberdade de Deus emergirá em meio ao trabalho forçado da confecção de tijolos e se manifestará como justiça e compaixão.

Minha impressão é que separamos os domínios da liberdade divina e da justiça social com demasiada facilidade, embora a divisão não seja sem motivos. A tendência do pensamento liberal tem sido defender a causa da justiça política e da compaixão, mas permanecer bastante indiferente ao conceito da liberdade de Deus. De fato, tem sido difícil para os liberais imaginarem que a teologia importa, pois toda ela parece irrelevante. Ademais, pensava-se que a questão de Deus poderia ser tranquilamente deixada para aqueles que ainda se importassem com tais coisas. Por isso, o radicalismo social tem sido como uma flor arrancada de sua raiz, sem nenhum sustento mais profundo do que a coragem e as boas intenções humanas. Em compensação, a tendência em outros grupos tem sido se preocupar intensamente com Deus, mas sem pensamento crítico, de modo que o Deus do bem-estar e da ordem apropriada não é visto como sendo a exata fonte da opressão social. Na verdade, podemos argumentar que, nesse aspecto, conservadores não proféticos falham em levar Deus suficientemente a sério, pois não enxergam que o nosso discernimento de Deus tem implicações sociológicas notáveis.

Assim, entre o liberal — que imagina Deus como algo irrelevante para a sociologia — e o conservador — que, de modo involuntário, se utiliza de uma noção de Deus por razões sociais, mas não enxerga como uma coisa se atrela à outra —, há, na prática, poucas diferenças. Nesse ponto, basta insistir que Moisés, o profeta paradigmático, ofereceu uma alternativa que caminha em ambas as direções: (i) uma religião fundamentada na liberdade de Deus como alternativa para a religião imperial estática da ordem e do triunfo; e (ii) um sistema político ancorado na justiça e na compaixão como alternativa à política imperial de opressão. Então, o ponto crucial que a imaginação profética deve ponderar é que não há liberdade de Deus sem a política da justiça e da compaixão, ao passo que não há política da justiça e da compaixão sem uma religião da liberdade de Deus.

O projeto de Moisés não é a libertação de um pequeno grupo de escravos como fuga do império — embora isso seja de extrema importância, especialmente se você faz parte desse pequeno grupo. Antes, seu trabalho é nada menos do que um ataque à consciência do império, visando a nada menos do que o seu desmantelamento, tanto em suas práticas sociais quanto em suas pretensões míticas. Observe a importância da liderança de Martin Luther King Jr., na integração entre negros e brancos nas lanchonetes[11] ou nas linhas de ônibus![12] Da mesma forma, Israel não emergiu pelas mãos de Moisés — embora não sem as mãos de Moisés — como comunidade alternativa genuína. A tradição profética sabe que traz consigo uma alternativa legítima a uma teologia da escravização de Deus e a uma sociologia da escravização humana. A verdadeira alternativa, confiada a nós que carregamos o chamado profético, não se baseia em teorias sociais, na indignação justa ou no altruísmo, e sim na genuína alternativa que é Yahweh, o qual é a base para uma perspectiva teológica e sociológica alternativa. Assim, a profecia começa com o discernimento de quão verdadeiramente alternativo ele é.

Crítica profética

A consciência alternativa forjada através de Moisés é caracterizada pela crítica e pela energização. Embora eu me aprofunde neste tópico mais tarde, cabe-me destacar alguns pontos-chave. A narrativa do Êxodo pretende mostrar a crítica e a deslegitimação radicais do império egípcio. No início da narrativa (Êxodo 5:7-10), os egípcios irradiam máxima confiança e domínio, exercendo livremente sua influência e autoridade sem se sujeitarem a ninguém:

---

[11]Referência aos "sit-ins", forma de protesto que começou em 1960, quando quatro estudantes universitários negros em Greensboro, Carolina do Norte, sentaram-se em uma lanchonete segregada em uma loja Woolworths e educadamente pediram para serem atendidos. Seu pedido foi recusado, mas eles permaneceram sentados, em protesto. Essa forma de protesto não violento se espalhou rapidamente por outras cidades do sul dos Estados Unidos. (N. T.)

[12]A alusão faz referência ao boicote de 1955-1956 aos ônibus de Montgomery, Alabama. O protesto teve início depois que Rosa Parks, uma mulher afro-americana, foi presa por se recusar a entregar seu assento no ônibus a um passageiro branco. Seu caso levou a um boicote aos ônibus da cidade por parte dos residentes negros, que durou mais de um ano. Martin Luther King Jr. emergiu como um líder durante esse boicote. O protesto acabou levando a uma decisão da Suprema Corte estadunidense de que a segregação nos ônibus públicos era inconstitucional. (N. T.)

> Aumentem a carga de trabalho dessa gente para que cumpram suas tarefas e não deem atenção a mentiras. Os feitores e os capatazes foram dizer ao povo: "Assim diz o faraó: 'Já não lhes darei palha'" (Êxodo 5:9,10).

Observe como a linguagem é moldada para evocar a raiva e para expressar o profundo ressentimento contra todo esse sistema. Mas a história prossegue. No final, esses mesmos mestres, capatazes e encarregados são vencidos, humilhados e banidos da história:

> Vocês nunca mais verão os egípcios que hoje veem (14:13).

> Naquele dia o Senhor salvou Israel das mãos dos egípcios, e os israelitas viram os egípcios mortos na praia (14:30).

Sem pressa, a narrativa evidencia, do início ao fim, como as reivindicações religiosas dos deuses egípcios são anuladas pelo Senhor da liberdade. A história mostra, de modo deliciosamente demorado, como a política da opressão é superada pela prática da justiça e da compaixão. E, entre o início e o fim, o desmantelamento acontece durante o ciclo de pragas, uma narrativa que merece ser repetida, pois testemunha sobre aquilo que não pode ser explicado, certamente não pela ótica do império. A progressão dos acontecimentos se desenrola da seguinte forma: nas duas pragas iniciais — a transformação do Nilo e a infestação de rãs —, os poderosos atos de Moisés e Aarão são igualados pela equipe de "pesquisa e desenvolvimento" egípcia. Duas pragas entram em cena, nada muda e o poder do Egito permanece incontestado. O jogo do império parece ser: "Tudo o que vocês fazem, nós fazemos melhor". Mas então vem a terceira praga:

> Quando Arão estendeu a mão e com a vara feriu o pó da terra, surgiram piolhos nos homens e nos animais. Todo o pó de toda

> a terra do Egito transformou-se em piolhos. Mas, quando os magos tentaram fazer surgir piolhos por meio das suas ciências ocultas, não conseguiram (Êxodo 8:17,18).

O império egípcio não conseguiu! Os deuses do Egito não conseguiram! Os cientistas do regime não conseguiram! A religião imperial estava morta! A política da opressão falhou! Esta é a crítica definitiva: que a certeza de poder que a cultura dominante alega deter se mostra, agora, fraudulenta. Criticar não é apenas repreender e denunciar. É afirmar que as falsas reivindicações de autoridade e poder não são capazes de cumprir suas promessas, não em face de um Deus livre. É apenas uma questão de tempo até que apareçam mortas à beira da praia.

Mas a crítica tem outra dimensão. Plastaras[13] viu que a narrativa da libertação começa com a queixa de luto de Israel:

> Os israelitas gemiam e clamavam debaixo da escravidão; e o seu clamor subiu até Deus. Ouviu Deus o lamento deles e lembrou-se da aliança [...]. Deus olhou para os israelitas e viu a situação deles (Êxodo 2:23-25).

Insistirei, mais tarde, que a verdadeira crítica começa com a capacidade de lamentar, porque esse é o anúncio mais visceral de que as coisas não andam bem. Somente no império somos pressionados, instados e convidados a fingir que as coisas estão bem — seja no gabinete do reitor, em nosso casamento ou no quarto do hospital. Enquanto o império conseguir manter viva a ilusão de que tudo está bem, não haverá lamento verdadeiro ou críticas sérias.

---

[13] James Plastaras, *The God of Exodus: the theology of the Exodus narratives* (Milwaukee: Bruce, 1966), cap. 3.

Pense, entretanto, no que acontece quando o Êxodo se torna o grito primordial, permitindo o início da história.[14] Há certa ambiguidade no verbo "clamar" (*za'ak*), pois, de um lado, é um clamor de miséria e angústia, e com certa dose de autopiedade, mas, de outro, também funciona para a apresentação oficial de uma queixa legal. O entristecido é o demandante. Como Erhard Gerstenberger observou,[15] é característico de Israel reclamar em vez de lamentar — isto é, Israel não expressa resignação, porém, em vez disso, exprime um sentimento militante de estar sendo injustiçada, com a poderosa expectativa de que será ouvida e respondida. Assim, a história de Israel começa no dia em que o seu povo não se dirige mais aos deuses egípcios, os quais não querem ouvir e não podem responder. A vida de liberdade e justiça surge quando eles arriscam a liberdade do Deus livre contra o regime.

A queixa de Israel — talvez uma autopiedade e certamente uma reclamação, mas nunca uma resignação — é o início da crítica. Ela destaca que as coisas não estão como deveriam, nem como havia sido prometido, nem como haverão de ser. Trazer a mágoa para a expressão pública é um primeiro passo importante na crítica que promove o desmantelamento e permite a emergência de uma nova realidade teológica e social. Esse grito que dá início à história é reconhecido por Yahweh à medida que a história ganha fôlego:

> Tenho visto a opressão sobre o meu povo no Egito, tenho escutado o seu clamor, por causa dos seus feitores, e sei quanto eles

---

[14]Sobre o significado do termo "grito primordial", veja Arthur Janos, *The primal scream* (New York: Putnam, 1970). Dorothee Soelle mostrou como a reclamação expressa é o início da libertação; veja *Suffering*, trad. para o inglês E. R. Kalin (Philadelphia: Fortress Press, 1975).

[15]Erhard Gerstenberger, "Der klagende Mensch: Anmerkungen zu den Klagegattungen in Israel", in: H. W. Wolff, org., *Probleme biblischer Theologie: Gerhard von Rad zum 70. Geburtstag* (Munique: Kaiser, 1971), 64-72. Veja também sua importante distinção entre reclamação e lamento em "Jeremiah's complaints", *JBL* 82 (1963): 407 n. 55, e seu mais recente: *Psalms: part 1 with an introduction to cultic poetry*, FOTL 14 (Grand Rapids: Eerdmans, 1988).

> estão sofrendo. Por isso desci para livrá-lo das mãos dos egípcios (Êxodo 3:7,8).
>
> Pois agora o clamor dos israelitas chegou a mim, e tenho visto como os egípcios os oprimem. Vá, pois, agora; eu o envio ao faraó (3:9,10).

Esse grito é a crítica primordial, articulada novamente em Êxodo 8:12. Moisés e Arão agora sabem que uma intervenção e intercessão sérias devem ser feitas a Yahweh, o Deus da liberdade, e não aos deuses falsos do Egito. Em 5:8 e 15, há ainda um clamor ao faraó, ainda um olhar para o império em busca de ajuda e alívio: "São preguiçosos, e por isso estão clamando: 'Iremos oferecer sacrifícios ao nosso Deus' [...]. Então os capatazes israelitas foram apelar para o faraó: 'Por que tratas os teus servos dessa maneira?'".

No meio do ciclo das pragas, Israel se desvinculou do império, já não clama mais por ele, não espera nada dele, não o reconhece de forma alguma, sabe que o império não pode cumprir suas promessas e sabe que nada lhe é devido ou pode ser esperado dele. Essa é a crítica derradeira que leva ao desmantelamento.

Na narrativa, a crítica se move e evolui. O choro de luto aprende a se afastar dos falsos ouvintes e a se voltar para aquele que pode ajudar de fato. A crítica profética, conforme a sugestão de Dorothee Soelle,[16] consiste em mobilizar pessoas em sua

---

[16]Soelle escreve que o movimento do desamparo ao poder é realizado através de expressões públicas de lamento, reclamação e protesto (*Suffering*, p. 73). Ao descrever a impotência que acompanha a falha no discurso, Graham Greene contrasta aqueles que não têm fala: "A maioria dos seus pacientes de classe média estava acostumada a passar pelo menos dez minutos explicando um simples ataque de gripe. Foi apenas no bairro dos pobres que ele encontrou o sofrimento em silêncio, sofrimento que não tinha vocabulário para explicar o grau de sua dor, a sua posição ou a sua natureza"; *The honorary consul* (New York Simon & Schuster, 1973), p. 66.

tristeza genuína e incessante e afastá-las daqueles que as ouvem de forma ineficaz e reagem com apatia. Sem dúvida, a história humana consiste principalmente no falar e no ser atendido, em chorar e em ser ouvido. Se isso é verdade, significa que não pode haver história no império, visto que os clamores nunca são ouvidos e as falas nunca são respondidas. Se a tarefa da profecia é capacitar pessoas a se engajarem na história, essa tarefa envolve incitar clamores que aguardam respostas, direcionar o apelo ao lugar onde ele será levado a sério e desviar o olhar de um império entorpecido e desinteressado, cuja intenção nunca foi responder ao clamor.

Curiosamente, a crítica do clamor se intensifica à medida que a narrativa se desenvolve. Nos relatos de Êxodo 11:6 e 12:30, o poderoso império é quem clama:

> Haverá grande pranto em todo o Egito, como nunca houve antes nem jamais haverá (11:6).

> No meio da noite o faraó, todos os seus conselheiros e todos os egípcios se levantaram. E houve grande pranto no Egito, pois não havia casa que não tivesse um morto (12:30).

Nas duas passagens, o clamor diz respeito à morte dos primogênitos, até mesmo do primogênito do faraó, que nasceu para governar. Isso é altamente irônico, pois, agora, o regime autossuficiente e impermeável está reduzido ao papel de um suplicante indefeso. O grito de Israel se torna um grito de poder; o grito do Egito é o de desmantelamento e do desamparo. Mas é tarde demais. A história começou e a iniciativa foi tomada pelo novo Deus em prol da nova comunidade. O império fica de luto pela sua indiferença passada, pelas suas divindades da ordem e pelas suas políticas de injustiça, todas, agora, despedaçadas. A crítica atingiu o seu objetivo.

Energização profética

A percepção alternativa forjada por Moisés também nos fornece um modelo para a energização. Moisés e a narrativa do êxodo israelita criam a sensação de novas realidades nas quais podemos confiar e nos basear justamente quando as velhas realidades nos deixaram sem esperança. O dever do profeta é articular essas novas realidades em contraste com as realidades mais visíveis da velha ordem. A energização está intimamente ligada à esperança. Somos energizados não por aquilo que já possuímos, mas por aquilo que nos foi prometido e estamos prestes a receber. Os liberais tendem a criticar e a polemizar, mas, por ceticismo ou má fé, muitos duvidam que algo novo esteja no horizonte. O Egito ficou sem vigor exatamente porque não acreditava naquilo que havia sido prometido e que estava prestes a ser entregue. O Egito, à semelhança de todos os impérios presos na eternidade de seu presente, acreditava que tudo já estava obtido, contido e garantido. Se há um ponto em que a maioria de nós foi manifestamente cooptada, é nessa mentalidade fechada. Nós deixamos de acreditar que haverá alguma novidade, pensando, em vez disso, que tudo não passa de uma reorganização das peças no tabuleiro.

É justamente o profeta quem fala contra essas narrativas controladas, desencadeando um impulso em direção a futuros autenticamente novos, e não a futuros derivados. Desse modo, sugiro três dimensões energizantes dessa narrativa que são importantes para a imaginação profética.

Em primeiro lugar, a energia vem da aceitação da escuridão inescrutável.[17] Essa escuridão intimidante e poderosa se

---

[17]Hall explora efetivamente o tema das trevas como a arena do sofrimento, da morte e da liberdade. Na conclusão de seu estudo, Hall escreve o seguinte: "O povo da cruz, que dá nome às trevas, não pode fazer com que apareça nenhuma luz absoluta, nenhuma visão imaculada, seja de Deus ou do homem. Torna-se para eles, como para todos os que no passado foram apanhados por sua lógica da cruz, uma questão de fé" (*Lighten our darkness*, p. 225).

manifesta no tema recorrente do coração endurecido. Essa temática atravessa essa estranha narrativa, pois, a cada momento, não é dito que o coração do faraó estava endurecido, mas sim que é Yahweh quem o endurece. É a maneira peculiar de Yahweh de pôr fim ao império. É a maneira estranha de Yahweh apresentar a possibilidade da liberdade histórica. Há uma profundidade nisso que excede a nossa compreensão, mas, independentemente dessa profundidade, essa possibilidade se inicia na convicção de que Deus opera em ambos os domínios. Pessoas desesperadas não veem como pode surgir uma novidade, como o mal pode ser superado ou como o futuro pode surgir a partir de um presente totalitário. A impressionante declaração programática em relação ao endurecimento de faraó afirma que algo está "em movimento" nas trevas, algo que nem mesmo o senhor das trevas discerne. É estranho que nem o Egito nem Israel entendam o movimento de Deus nas trevas; Israel não está mais a par da liberdade de Deus do que o Egito! E quando Israel procura uma clareza excessiva sobre esta liberdade, facilmente assume o papel do Egito. No entanto, essa narrativa sabe que as trevas podem ser confiadas a Deus de uma maneira que jamais poderia ser confiada ao faraó. Isso é energizante, porque a comunidade alternativa ousa afirmar como tudo acontecerá. Ela sabe o que o faraó desconhece — isto é, sabe, mas não entende. A comunidade alternativa sabe o que acontecerá porque se sujeitou, e essa submissão começou quando se clamou àquele que é livre. Há nova vitalidade na descoberta de alguém à quem a escuridão pode ser confiada, alguém mais poderoso do que aquele que ostensivamente governa a luz.

Em segundo lugar, em Êxodo 11:7 há uma declaração maravilhosa de uma nova realidade que certamente tem poder de energizar: "Entre os israelitas, porém, nem sequer um cão latirá contra homem ou animal. Então vocês saberão que o SENHOR faz distinção entre o Egito e Israel!" Através de lentes acadêmicas, podemos ignorar o poder que há aqui. A afirmação bíblica é terrível demais para ser contida nos limites da "doutrina da eleição". Ela não aparece em um contexto doutrinário, mas em uma narrativa, em uma memória sem evidências, que devemos reconhecer em toda sua audácia. Não se trata de uma teologia contemplativa, mas de uma revelação oportuna, destinada a uma comunidade específica. O Deus que toma uma decisão não é o confortável deus do império, tão gordo e bem alimentado que se torna indiferente e desatento. Em vez disso, quem se assenta no conselho divinal é o Deus que está profundamente ciente das situações, que não tem medo de tomar partido, ativamente engajado e atento a seus próprios interesses. É próprio dos deuses unificadores dos impérios evitarem tomar posições e, por sua tolerância, optarem por deixar as coisas como elas estão.

Neste ponto, podemos fazer uma pausa para observar o tipo de reflexão teológica em que essa narrativa profética primordial se envolve. Nela, não há muito espaço para as vozes razoáveis. Nenhum profeta jamais vê as coisas sob o aspecto da eternidade. Sua profecia é sempre uma teologia partidária, sempre do momento, sempre para uma comunidade concreta; o profeta fica satisfeito em ver apenas uma parte do todo e em falar a respeito do que viu, correndo o risco de contradizer o quadro geral.[18] Impérios preferem as vozes da razão e que enxergam tudo, vozes que entendem ambos os lados, que consideram polêmicas como indignas de Deus e divisoras do bem público.

---

[18]Como lhes era característico, os profetas faziam teologia partidária "de baixo", enquanto a consciência real sempre quer afirmá-la "de cima". Veja Robert McAfee Brown, "The view from below", *A.D.* 6 (setembro de 1977): 28-31. Nessa conexão, a Conferência de Detroit sobre "Teologia nas Américas" expressou uma "hermenêutica da suspeita", postura ligada à teologia "de baixo". Essa frase é identificada com Paul Ricoeur, mas, particularmente em estudos bíblicos, com Elizabeth Schüssler Fiorenza, *In memory of her: a feminist theological reconstruction of Christian origins* (New York: Crossroad, 1983; ed. comemorativa de 10 anos. 1994).

Mas que declaração energizante! Em seu entusiasmo e vitalidade, Moisés se alinha com os perdedores e os marginalizados. Justamente por não ter se tornado um cínico com o "discurso ambíguo" do império, Moisés fala com ousadia antes mesmo de todos os dados serem coletados e ousando afrontar perspectivas mais matizadas. O consenso sussurrado entre as pessoas comuns é que Moisés é "inequívoco" sobre a sua posição, uma posição da qual o faraó certamente não gostará.

Vista a distância, essa declaração crua corresponde com uma alta teologia. Trata-se do evangelho: *Deus é por nós*. Em um império, nenhuma divindade defende a causa de ninguém. Eles são deuses velhos, que já não se importam, pois já provaram de tudo, organizando um comitê para analisar as outras questões. Para Moisés e Israel, a energização não vem da estratégia sociológica ou de palpites sobre a dinâmica social, mas da liberdade de Deus. Portanto, meu apelo aos aspirantes a profetas é que não negligenciemos nosso trabalho a respeito de quem Deus é, e que saibamos que nosso discernimento de Deus está nos pontos críticos da comunidade humana.

Em terceiro lugar, o grande Cântico do Mar (Êxodo 15:1-18) e o Cântico de Miriã (Êxodo 15:21) são as canções mais eloquentes, libertadoras e libertas de Israel. A última realidade energizante é uma doxologia na qual os cantores focam naquele que é livre e, por meio de sua canção, reivindicam a liberdade divina como sua própria. Em seu recente estudo sobre tipologia, David Noel Freedman situa essa canção no início de um período caracterizado pela assertiva devoção mosaica a Yahweh.[19] Pela análise dos

[19]David Noel Freedman, "Pottery, poetry, and prophecy: an essay on biblical poetry", *JBL* 96 (1977): 5-26; idem, "Divine names and titles in early Hebrew poetry", in: F. M. M. Cross et al., orgs., *Magnalia Dei: the mighty acts of God. essays on the Bible and archaeology in memory of G. Ernest Wright* (Garden City: Doubleday, 1976), p. 55-107. Ambos os estudos foram reimpressos no trabalho de Freedman: *Pottery, poetry, and prophecy: studies in early Hebrew poetry* (Winona Lake: Eisenbrauns, 1980), p. 1-22 e p. 77-129.

nomes divinos, Freedman nota o uso recorrente do nome — o qual simboliza uma liberdade que o Egito não podia suportar e que nem os escravizados podiam prever. O simples pronunciar do nome já abre espaço para o lugar onde uma comunidade alternativa é capaz de viver. Assim, profetas devem refletir sobre o nome de Deus: sua essência, seu significado, onde ele é pronunciado e quem tem a permissão para fazê-lo. Nesses hinos primordiais de fé e liberdade, há algo de direto e primitivo a respeito do nome. O Egito tende a rodear o nome divino com diversos adjetivos e qualificadores, mas a comunidade da justiça, que pratica a liberdade de Deus, não perde tempo com essas coisas.

É claro que a tradição apresenta Moisés com destaque, ofuscando as contribuições de Miriã. É possível que o Cântico de Moisés, em Êxodo 15:1, cite o Cântico de Miriã, indicando a proeminência dela na tradição. A versão final da passagem pode refletir uma dinâmica de poder centrada no homem, excluído a primazia anterior da irmã de Moisés. Esforços acadêmicos recentes têm como objetivo restaurar a importância de Miriã, sugerindo que ela tenha sido originalmente uma figura central no Israel emergente.[20]

A profecia, se separada da doxologia por muito tempo, corre o risco de se tornar estéril ou de se transformar em uma ideologia rígida. Abraham Heschel reconheceu de forma perspicaz que o louvor é a expressão máxima da liberdade e justiça humanas.[21] Comunidades proféticas devem refletir sobre as pré-condições para a doxologia e considerar as ramificações da substituição de doxologias por *jingles* televisivos, que nos colocam para cantar sobre a ideologia consumista para nós mesmos e uns aos outros. Em um mundo assim, talvez não haja profetas, e certamente não haverá liberdade. Em um mundo em que *jingles* substituem

---

[20]Sobre essa recuperação acadêmica, veja, por exemplo, Phyllis Trible, "Bringing Miriam out of the shadows", *Bible Review* 5/1 (fevereiro de 1989): 13-25.

[21]Abraham Heschel, *Who is man?* (Stanford: Stanford Univ. Press, 1965), cap. 6 e passim [edição em português: *Quem é o homem?* (São Paulo: Triom, 2010)].

doxologia, Deus não é livre, e o povo não conhece nem a justiça nem a compaixão.

A energia da doxologia de Moisés inclui:

- A fala de um novo nome, redefinindo toda percepção social.
- Uma revisão de uma história improvável de inversão, em que a realidade imperial é anulada. (Obviamente, esse não é o tipo de história ensinada na escola da corte real.)
- Um pedido para a encenação da liberdade por meio da dança, uma liberdade em corpos livres, não mais sob o domínio do faraó (15:20). (Podemos refletir sobre a perda de liberdade de nossos corpos e sobre as dimensões ideológicas da atual ira ao redor da sexualidade humana.)
- Uma culminação na entronização, a afirmação da única realidade que o Egito não permitia nem tolerava: "O SENHOR reinará eternamente" (15:18). (Devemos aprender que doxologias são sempre polêmicas; a contranarrativa não declarada, mas apenas sussurrada, é sempre: "e não o faraó".)

É apenas um poema, e poderíamos dizer com razão que cantar uma canção não muda a realidade. Contudo, não devemos dizer isso com demasiada convicção. A evocação de uma realidade alternativa consiste, pelo menos em parte, na batalha pela linguagem e na legitimação de uma nova retórica. A linguagem do império é certamente a linguagem da realidade administrada, da produção, do cronograma e do mercado. Mas essa linguagem nunca permitirá ou causará liberdade, porque não há novidade nela. A doxologia é o desafio definitivo à linguagem da realidade administrada, e só ela é o universo discursivo no qual a energia é possível.[22]

[22]Sobre a importância fundamental do universo do discurso para a possibilidade da fé, ver especialmente Rubem A. Alves, *Tomorrow's child: imagination, creativity, and the rebirth of culture* (New York: Harper & Row, 1972).

Vale a pena perguntar como a linguagem da doxologia pode ser praticada no império. Somente onde há doxologia é que surge alguma compaixão, pois a doxologia atravessa a ideologia que finge ser inquestionável. Somente onde há doxologia pode haver justiça, pois canções transformam o medo em energia.

Por ora, não explorarei mais a fundo a segunda e a terceira memórias mosaicas atreladas à peregrinação e ao Sinai, embora o tema seja digno de análise. O tópico do deserto questiona o saciamento imobilizador; o tema do Sinai fala da liberdade de Deus para o próximo. Em sua totalidade, a tradição mosaica afirma três coisas:

1. A vida alternativa é vivida em uma comunidade particular e arraigada na história.
2. Essa comunidade critica e energiza a partir de suas memórias especiais, aceitando a descontinuidade e rupturas genuínas da realidade imperial.
3. Essa comunidade, reunida em torno de memórias, sabe que é definida e está à disposição de um Deus que não foi nem cooptado nem contido pelo império.

2

Consciência monárquica:

contrariando a contracultura

Tentamos sugerir que Moisés estava particularmente preocupado com a formação de uma contracomunidade com uma contraconsciência. Ao fazer essa afirmação a respeito de Moisés, tive o cuidado de evitar qualquer ligação primária entre a imaginação profética e a ação social, pois creio que Moisés não se envolveu em nada parecido com o que nós identificamos como ação social. Moisés não estava envolvido em uma luta para transformar um regime; antes, sua preocupação era com a consciência que sustentava e tornava possível esse regime. Não nego que, às vezes, ações específicas do tipo político sejam necessárias segundo o evangelho. Contudo, elas não estão mais ligadas de forma inerente ao ministério profético do que uma visita hospitalar ou um culto de adoração. Moisés também não estava preocupado com a melhora da sociedade pelo arrependimento do regime, e sim com o seu desmantelamento total, ocasionando, desse modo, o aparecimento de uma nova realidade. O conceito de imaginação profética, conforme o derivamos de Moisés, abrange não apenas questões políticas e sociais, mas também se aprofunda em aspectos linguísticos (na forma de expressarmos as coisas) e epistemológicos (nos métodos pelos quais sabemos o que sabemos). Embora isso possa parecer um mero jogo de palavras, enfatizo-o por duas razões principais. Em primeiro lugar, o objetivo profético é muito mais radical do que a mudança social. Em segundo lugar, questões que dizem respeito à tradição mosaica são muito mais profundas do que aquelas que normalmente consideramos como ação social.

A consciência alternativa de Moisés tem implicações extremamente radicais tanto para os domínios religiosos quanto para a ordem social e política. Em primeiro lugar, a noção da liberdade de Deus talvez seja mais do que qualquer movimento religioso possa sustentar por muito tempo. Conforme observado por Karl Barth, a disputa entre revelação e razão diz respeito não apenas a outras religiões ou às falsas religiões, mas à própria "religião da revelação cristã". Em segundo lugar, a justiça e a compaixão raramente são prioritárias quando organizamos uma sociedade. Na verdade, quando o assunto é a realidade humana, a maioria das comunidades tende a abordar essas preocupações por último, e não como uma prioridade. É possível que as ideias decorrentes do ministério de Moisés sejam extremas demais para qualquer comunidade histórica, quer da perspectiva dos pressupostos teológicos, quer da implementação social.

De forma análoga, fica evidente que o fervor inicial e as visões extremas das primeiras igrejas foram rapidamente diluídas. De fato, John Gager postulou que, se eles não tivessem mudado para abraçar a cultura até certo ponto, teriam desaparecido como uma anomalia sectária.[1] Talvez possamos inferir que a perspectiva visionária decorrente de Moisés só pode prosperar em uma

---

[1]John Gager, *Kingdom and community: the social world of early Christianity*, Prentice-Hall Studies in Religion Series (Englewood Cliffs: Prentice-Hall, 1975).

comunidade dedicada, onde o zelo pela fé está conscientemente ligado à perseverança em meio a uma cultura dominante e hostil. Em essência, uma perspectiva tão radical é mais adequada a uma mentalidade sectária, que está à margem da comunidade. Situações carregadas de risco parecem evocar esse extremo, enquanto cenários de assimilação cultural tendem a promover uma complacência confortável.

Assim, ao empregar nossa interpretação sociológica para explorar as dimensões sociais do conhecimento, da linguagem e do poder, é crucial refletirmos também sobre os próprios preconceitos teológicos que temos e sobre como eles influenciam nossa fé e nossa erudição.[2] Talvez a comunidade minoritária de escravos e parteiras tenha sido capaz de afirmar a liberdade de Deus apenas por não haver outra forma legítima de se opor à religião triunfal estática, pois todos os outros deuses menos livres já tinham sido cooptados. Talvez a comunidade minoritária de escravos seja capaz de afirmar a política da justiça e compaixão por não existir outra visão social na qual protestar contra a opressão da situação. Segundo insistiu George Mendenhall, o propósito social de um Deus realmente transcendente é a realidade de uma corte à qual as pessoas podem apelar contra os mais altos tribunais e ordens da sociedade ao nosso redor.[3] Assim, a noção de um Deus livre é vital para que indivíduos marginalizados desafiem os sistemas

---

[2]Robert W. Friedrichs descreveu de forma astuta os interesses dos sociólogos e a influência dos interesses na erudição em *A sociology of sociology* (New York: Free Press, 1970). Para o paradigma que procuraremos desenvolver aqui, as conexões são dignas de nota. Assim, os paradigmas de *sistema e conflito*, que Friedrichs utiliza para a sociologia, podem ter correlação com as tradições monárquicas e mosaicas de Israel.

[3]Esta conclusão específica foi apresentada em uma palestra proferida em St. Louis, em 1976, mas o seu argumento geral também se move na mesma direção. A insistência teológica não está alheia à sua compreensão de tribo e cidade. Compare Mendenhall, "Social organization in early Israel", in: F. M. Cross et al., orgs., *Magnalia Dei: the mighty acts of God essays on the Bible and archaeology in memory of G. Ernest Wright* (Garden City: Doubleday, 1976), p. 132-51.

opressivos que enfrentam. Por outro lado, para aqueles que prosperam ou controlam a ordem social existente, a ideia de um Deus livre pode ser desnecessária, indesejável ou talvez impossível.

Dado o ambiente social da maioria das igrejas dos Estados Unidos, essas questões devem nos fazer pensar seriamente. A singularidade da experiência mosaica parece ligada de forma inextricável às circunstâncias sociais dos *hapiru*.[4] Daí, talvez possamos concluir que a liberdade de Deus e a política de justiça não são tão facilmente adotadas entre nós, dada a nossa configuração social e o nosso interesse religioso derivativo. Sabemos o suficiente para concluir que nossas melhores expressões de fé nunca são imparciais. Com isso, pretendo simplesmente destacar a noção desafiadora de que a religião de Moisés e dos profetas também não é imparcial. Na verdade, compreender e praticar essa tradição ministerial exige um reconhecimento dos interesses que ela defende.

Tudo isso é uma introdução ao surgimento de um problema profundo na fé e na história de Israel. A revolução de Moisés, tanto religiosa como política, conseguiu se sustentar como uma realidade social viável até aproximadamente 1000 a.C. Esse feito não é pouca coisa, especialmente quando refletimos sobre as dificuldades de se manter revoluções em nossa própria história recente — nas revoluções, por exemplo, americana, francesa,

[4]O termo *hapiru*, em várias formas e com vários cognatos linguísticos, aparece no Antigo Oriente Próximo, no segundo milênio, para se referir a pessoas apátridas, indivíduos que vivem à margem da sociedade, ameaçam-na e, por sua vez, são ameaçados por ela. Acredita-se amplamente que o termo bíblico "hebreu" esteja ligado a essa palavra; se assim for, então as primeiras referências ao que se tornou Israel estão ligadas a um movimento social fronteiriço de povos marginais e precários. Estudos recentes indicam que o termo não é étnico, mas sociológico, referindo-se àqueles que estão no limite da viabilidade econômica e política em muitos Estados da região. O tema do *hapiru* hebreu figura com destaque na influente interpretação sociológica de Norman K. Gottwald, *The tribes of Yahweh: a sociology of the religion of liberated Israel, 1250-1050 B.C.* (Maryknoll: Orbis Books, 1979) [edição em português: *As tribos de Iahweh* (São Paulo: Paulus, 2004)].

russa, chinesa, vietnamita, cubana e a nicaraguense. Na época de Salomão, por volta de 962 a.C. (após quarenta anos de liderança astuta e ambígua de Davi), houve uma mudança radical nos fundamentos da vida e da fé de Israel. Embora, sem dúvida, a mudança tenha sido iniciada e encorajada por Davi, ela é muito mais clara e inequívoca no caso de Salomão.[5] Hoje, vemos que todo o programa de Salomão parece ter sido uma conquista egoísta cujo único propósito era o de garantir a segurança do próprio rei e da dinastia. Consiste naquilo que Alberto Soggin chama de "programa de sincretismo patrocinado pelo Estado", o que, naturalmente, significa o abandono paulatino da radicalidade da visão mosaica. Esse sincretismo estatal inclui:

1. Um harém, que, além de servir como forma de facilitar casamentos políticos, provavelmente reflete uma preocupação com sua própria fertilidade (1Reis 11:1-3). (O propósito de um harém na qualidade de autossegurança pode ser entendido em amplo contraste com a situação das parteiras no período mosaico [Êxodo 1:15-22].)
2. Um sistema de distritos fiscais tornou o controle estatal mais eficaz por meio da diminuição da ênfase em clãs e tribos (1Reis 4:7-19). (De fato, a erradicação deliberada da percepção tribal foi essencial para o estatismo de Salomão.) Esse sistema também transfere o peso econômico das economias locais e domésticas para a economia política do Estado.
3. Uma elaborada burocracia, espelhando os impérios maiores, que serviu para estabelecer o foco na gestão

[5]Veja George E. Mendenhall, "The monarchy," *Interp* 29 (1975) 155-70; Frank Moore Cross, *Canaanite myth and Hebrew epic: essays in the history of the religion of Israel* (Cambridge: Harvard Univ. Press, 1973), p. 237-41. O autor se refere à corte de Davi como "rústica", um termo geralmente atribuído apenas a Saul. Observe o importante trabalho de James Flanagan, *David's social drama: a hologram of Israel's early Iron Age*, JSOTSup 73; SWBA 7 (Sheffield: JSOT, 1988).

prática e eficiente (1Reis 4:1-6; 9:23). (E, naturalmente, esse foco na gestão prática é inerentemente conservador e praticamente imune a questões de justiça e compaixão.)

4. Um exército permanente para que os armamentos não dependessem mais da opinião pública e do interesse nacional autêntico (1Reis 4:4; 9:22), sem mencionar a antiga noção do ímpeto do Espírito de Deus.
5. Um fascínio pela sabedoria, que, além de imitar os grandes regimes, representava um esforço para racionalizar a realidade, isto é, empacotá-la em porções administráveis (1Reis 4:29-34; 10:1-5, 23-25; Provérbios 1:1; 10:1).[6]
6. Trabalho forçado das aldeias para apoiar grandes projetos de construção (palácios, templos, cidades reais), pedreiras, mineração, exploração de madeira e construção naval (1Reis 5:13-19; 6:1-7:51; 9: 15-19, 26).

Durante o reinado de Salomão, todos esses acontecimentos ocorreram debaixo da eficiente cobertura oferecida do templo de Jerusalém, certamente o exemplo mais importante da adoção dos costumes cananeus em Israel.[7] De modo acurado, George Mendenhall descreveu as conquistas de Salomão como a "paganização de Israel", levando a nação de volta às pressuposições religiosas e políticas da situação imperial vigente antes de Moisés — o que significa dizer que Salomão não apenas deixou para trás os ideais revolucionários, mas também escolheu,

---

[6]Walter Brueggemann, "The social significance of Solomon as patron of wisdom", in: J. G. Gammie; L. G. Perdue, orgs., *The sage in Israel and the ancient near east* (Winona Lake: Eisenbrauns, 1990), p. 117-32.

[7]A evidência é resumida por Amihai Mazar, *Archaeology of the land of the Bible, 10000-586 B.C.E.* (New York: Doubleday, 1992), p. 368-402; Gösta W. Ahlström, *The history of ancient Palestine*, org. D. Edelman (Minneapolis: Fortress Press, 1993), p. 455-542; William G. Dever, "Archaeology of the 'Age of Solomon': a case study in archaeology and historiography", in: L. K. Handy, org., *The age of Solomon: scholarship at the turn of the millennium*, Studies in the History and Culture of the Ancient Near East 11 (Leiden: Brill, 1997), p. 217-51.

de maneira consciente, retornar às realidades pré-proféticas.[8] (É interessante observar como as perspectivas podem mudar. Em outros contextos, as mesmas mudanças que Mendenhall rotula como uma reversão às práticas pagãs são chamadas por Gerhard von Rad[9] e por outros, até por mim, de "Iluminismo". Repare em como os mesmos fatos podem ser interpretados de maneiras diferentes. Na verdade, minha própria leitura dos acontecimentos, da perspectiva da tradição profética, é muito diferente de outras leituras que eu mesmo fiz em outras circunstâncias e partindo de pressupostos diferentes).[10]

É difícil superestimar a mudança de paradigma ocasionada por Salomão. Talvez Davi, genial como era, tenha conseguido equilibrar, de modo eficaz, a abordagem profética, técnica e burocrática; no entanto, segundo observado por Stefan Heym, há um aspecto da grandeza de Davi que Salomão conseguiu apenas imitar, e mesmo assim com pouca efetividade.[11] De qualquer maneira, fica claro que os ideais sociais de Salomão contrastavam fortemente com os de Moisés. A possibilidade de uma consciência alternativa ou de uma comunidade alternativa esteve bem distante de Israel na época de Salomão. De maneira típica, o rei não poderia aceitar essa noção. Parece provável que

---

[8]Mendenhall, "The monarchy", p. 160.

[9]Gerhard von Rad, *Old Testament theology*, trad. para o inglês D. M. G. Stalker (New York: Harper & Brothers, 1962), p. 148-56. O fenômeno hipotetizado por von Rad, fortemente contestado por outros estudiosos, pode ser lido tanto de forma negativa, como positiva. James L. Crenshaw contesta toda a hipótese de um Iluminismo Salomônico, seja ele visto de forma positiva ou negativa ("Introduction," em *Studies in ancient Israelite wisdom*, Library of Biblical Studies [New York: Ktav, 1976], p. 16-20).

[10]Veja Walter Brueggemann, *In man we trust: the neglected side of biblical faith* (Richmond: John Knox, 1972). Creio que minha interpretação nesse trabalho esteja essencialmente correta, mas o fato de que ele deve ser enfatizado ou lido com interpretações positivas certamente reflete o ambiente do livro, ou seja, o clima teológico do final da década de 1960.

[11]Veja a sensível expressão de distinção de Stefan Heym, *The king David report* (New York: Putnam, 1972), p. 237.

a crítica não pudesse mais ser praticada, uma vez que o agente transcendente necessário para que ela ocorra já não estava presente. Além do mais, podemos levantar a hipótese de que as promessas que poderiam oferecer energia estavam confiscadas para o uso da monarquia. Salomão conseguiu criar uma realidade em que tudo parecia estar resolvido, não deixando espaço para o vislumbre de novas possibilidades porque tudo parecia existir em abundância. A tensão entre um presente criticado e um futuro energizante foi superada. Tudo o que resta é apenas um presente acrítico e desenergizado. Por consequência, a visão mosaica da realidade quase desapareceu.

Nesse contexto, quero explorar três dimensões da realização salomônica que são importantes para a nossa tese geral. Os três elementos resumem a cultura dominante contra a qual os profetas regularmente servem de contraponto.

Afluência

A conquista salomônica foi de incrível bem-estar e riqueza:

> Judá e Israel eram tão numerosos como a areia da praia; eles comiam, bebiam e eram felizes. E Salomão governava todos os reinos, desde o Eufrates até a terra dos filisteus, chegando até a fronteira do Egito. Esses reinos traziam tributos e foram submissos a Salomão durante toda a sua vida.
>
> As provisões diárias de Salomão eram trinta tonéis da melhor farinha e sessenta tonéis de farinha comum, dez cabeças de gado engordado em cocheiras, vinte de gado engordado em pasto e cem ovelhas e bodes, bem como cervos, gazelas, corças e aves escolhidas (1Reis 4:20-23).

Sem dúvida, há uma nova realidade em Israel. Nunca antes houve bens de consumo suficientes para eliminar a ansiedade quanto à sobrevivência. A contracultura de Moisés se manifestava em um mundo de escassez, quer se fale de pão sem fermento comido às pressas (Êxodo 12:8-11), quer da estranha dádiva do maná celestial no deserto (Êxodo 16); e tudo o que é necessário para contrariar essa consciência, como os reis sempre souberam, é a saciedade. É difícil manter em curso uma revolução de liberdade e justiça quando há saciedade. (Em nossa própria economia, questões de direitos civis parecem remotas quando estamos tão excessivamente alimentados. Quando olhamos para a antiga União Soviética, quão estranho é que os ardentes apelos por liberdade se transformaram em exigências por bens de consumo.) É isso o que está acontecendo no Israel salomônico. O alto padrão de vida reivindicado pelo texto é totalmente apoiado pela arqueologia da época. Os artefatos, as paredes e as ruínas de edifícios atestam uma situação social bem ordenada e segura.

Entretanto, é razoável conjecturarmos que essa afluência e prosperidade não tenha sido distribuída democraticamente. É provável que o relato detalhado do cardápio em 1Reis 4 reflita apenas os padrões alimentares e os privilégios das pessoas próximas ao rei, que geralmente demonstravam pouca preocupação com os súditos da corte. Em qualquer sociedade, passada ou presente, esse consumo excessivo muitas vezes sugere que outras pessoas estão sendo privadas de alimento. A descrição em 1Reis 4 sugere que atingir um estado de plena satisfação se tornou uma meta realista para a nobreza. A aliança que levava à sério a realidade dos irmãos e das irmãs foi substituída por uma aliança de consumo, que considera os irmãos e as irmãs como produtos a serem usados. É um desafio manter uma consciência alternativa em uma sociedade de consumo.

Política social opressiva

A conquista de Salomão foi em parte possível graças a uma *política social opressiva*. Na verdade, essa foi a base do regime e certamente a fonte da riqueza que acabamos de mencionar. Sem dúvida, essa riqueza era hierárquica e não democrática na sua distribuição. Obviamente, algumas pessoas viviam bem do esforço de outras, pois somos lembrados de que houve aqueles "que construíram casas e não viveram nelas, plantaram vinhas e não beberam de seu fruto". Fundamental para a política social era a prática do trabalho forçado, em que, pelo menos até certo ponto, súditos existiam para beneficiar o Estado ou a economia política. Não é muito importante ou útil determinarmos se a política de trabalho forçado incluía todos os súditos, conforme sugerido em 1Reis 5:13-18, ou se o povo de Israel estava isento, como afirmado em 1Reis 9:22. De qualquer modo, mobilizar e reivindicar a energia das pessoas em prol da corte e de suas necessidades extravagantes foi uma política inequívoca do regime.

Como sabemos pelo nosso passado recente, esse apetite explorador pode desenvolver uma dinâmica insaciável, de modo que, independentemente de quanto é obtido em bens, poder ou segurança, nunca é o suficiente. A rebelião anunciada em 1Reis 11:28 e a disputa de 1Reis 12 sobre a natureza do governo e o papel do povo e dos líderes mostram a luta que surge com uma nova autocompreensão. Nessa nova consciência sobre a qual o regime foi construído, mas que também foi criada pelo regime, a política de justiça e compaixão desapareceu por completo. A ordenação do Estado era a agenda dominante, e as questões de justiça e liberdade, as principais políticas de Moisés, passaram a ser subordinadas a essa agenda de forma necessária e sistemática. O aspecto promissório é inerente à justiça e à liberdade; mas esse regime não pode tolerar promessas, pois elas questionam a ordem opressiva do regime e ameaçam os próprios fundamentos de seu poder, pautados no interesse próprio.

Religião estática

A economia da riqueza e a política da opressão são as marcas mais características da conquista de Salomão. Mas esses elementos, por si sós, não poderiam ter prosperado e perdurado como fizeram se não tivessem recebido sanção teológica. Assim, o terceiro elemento fundamental que sugiro é *o estabelecimento de uma religião controlada e estática*, na qual Deus e o seu templo se tornam parte da paisagem real, e a soberania de Deus está totalmente subordinada aos propósitos do rei. Na Jerusalém desse período, há uma revisão radical do caráter de Deus. Agora, Deus está totalmente acessível ao rei, que é o seu patrono, e a liberdade de Deus foi completamente superada. Parece altamente improvável que o Deus residente em Jerusalém alguma vez expressasse algo significativo ou crítico. Neste ponto, cabem duas observações. Em primeiro lugar, concordo com os estudiosos que enfatizam a tensão entre as tradições mosaica e real. Não creio que uma seja derivada da outra, mas que ambas tenham raízes diferentes e promovam visões distintas da realidade. Em segundo lugar, creio que as razões para a desastrosa conquista religiosa de Salomão sejam sociológicas, e não históricas. Ou seja: Salomão não construiu esse tipo de santuário por tê-lo herdado dos cananeus ou dos jebuseus, mas por servir à sua ideologia social. Se Salomão não herdasse a ideia do templo a partir do antigo santuário cananeu, ele prontamente a teria importado de algum outro lugar, pois essa era a sua prática quando o assunto era cumprir seus objetivos.

Na fé bíblica responsável, a liberdade de Deus está sempre em considerável tensão com a acessibilidade de Deus.[12] Essa tensão foi acentuada para Moisés, que tendia a enfatizar a liberdade divina em detrimento de sua acessibilidade. Com Salomão, essa tensão foi completamente dissolvida no interesse da acessibilidade. A partir de então, não há noção de que Deus seja livre ou que

[12]Veja Walter Brueggemann, "Presence of God, cultic", *IDBS*: 630-33; idem, *Theology of the Old Testament: testimony, dispute, advocacy* (Minneapolis: Fortress Press, 1997), p. 576-704, e Samuel Terrien, *The elusive presence: toward a new biblical theology*, Religious Perspectives (New York: Harper & Row, 1978).

possa agir independentemente desse regime — ou mesmo contra ele. Agora, Deus é total e inquestionavelmente acessível ao rei e àqueles a quem o rei concede acesso. Essa nova dissolução da tensão é afirmada no antigo poema da confiabilidade da presença:

> O Senhor colocou o sol nos céus,
> mas disse que habitaria em trevas expessas.
> Eu edifiquei para ti uma casa exaltada,
> um lugar para que habites eternamente (1Reis 8:12-13, tradução do autor)

Agora, Deus está "de plantão", e o acesso a ele é controlado pela corte real. Essa disposição serve claramente a duas funções interligadas. De um lado, assegura uma sanção pronta a qualquer noção do rei, pois não pode haver resistência ou protesto transcendente. De outro lado, dá ao rei um monopólio para que nenhuma pessoa à margem possa se aproximar desse Deus, exceto nos termos do rei. Não haverá, então, nenhum clamor perturbador contra o rei.

A tensão entre a liberdade de Deus e a acessibilidade de Deus é uma questão complicada. Toda pessoa religiosa, e especialmente os ministros, fariam bem em refletir a respeito. Na verdade, o objetivo de ter funcionários religiosos é garantir o acesso. Essa é a expectativa sociológica: "Você pode fazer uma oração, pastor?" Trata-se de uma ironia muito grande o fato de que o titular do mesmo cargo também seja aquele chamado a afirmar a liberdade de Deus, que acaba por limitar a noção de acessibilidade. No que diz respeito a Salomão, essa questão complicada é resolvida de uma forma não dialética. O poema que acabamos de citar, comumente considerado como sendo de fato proveniente da dedicação do templo, traz Deus, agora, como residente permanente de Jerusalém. Qualquer atrito com esse Deus é impensável e insustentável.

Acredito que estes três fatores andam necessariamente de mãos dadas e que nenhum deles ocorreria ou perduraria sem os outros dois:

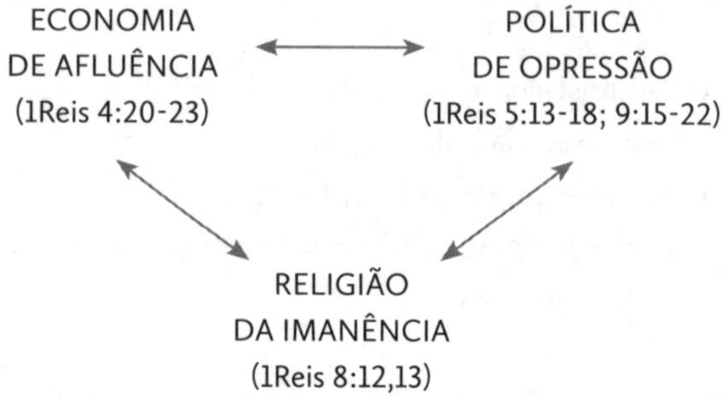

Obviamente, a política opressiva e a economia afluente dependem uma da outra, no entanto, defendo que a religião do Deus cativo, na qual todo o excesso de oposição é dissipado e o rei e a sua ideologia ficam completamente à vontade na presença de Deus, é fundamental para ambos. Quando se dissolve aquela tensão relativa à liberdade de Deus, a religião facilmente se transforma em mais uma dimensão, ainda que importante, para a integração da sociedade. Isso não era novidade, e dificilmente alguém celebra Salomão por seu apreço pela religião. Os faraós opressivos antes dele, claro, nunca duvidaram da importância da religião, mas se tratava de uma religião de compatibilidade, na qual o conflito estava ausente. Ela oferecia um Deus que estava tão presente no regime e na consciência dominante que não havia possibilidade de excesso de contrariedade; e onde não há tal contrariedade, não há chance de novidade. Isso, naturalmente, é percebido como um perigo e uma ameaça.

Esse Deus não é um tribunal de apelação contra o rei para aqueles que vivem marginalizados, pois agora está completamente em dívida para com o rei. Obviamente, a crítica essencial de Marx é pertinente no contexto que temos examinado. É precisamente a religião que legitima e possibilita a economia e a política que surgiram, e a fé profética sabe que, se uma crítica deve ser direcionada, ela deve começar na falta da liberdade de Deus — o que, por sua vez, resulta em uma ordem monárquica relativamente livre, trabalhando, agora, a serviço de estreitos interesses próprios.

Salomão foi capaz de contrariar completamente a contracultura de Moisés:

1. Salomão contrapôs *a economia da igualdade* com *a economia da riqueza*. O contraste é claro e nítido. A experiência mosaica tinha o seguinte tipo de visão: "Não sobejava ao que colhera muito, nem faltava ao que colhera pouco, pois colheram cada um quanto podia comer" (Êxodo 16:18, ARA). Veja que não há, no texto, o conceito de excedente ou de acumulação de bens de consumo; mas tudo isso termina pelo tempo em que alguém se assenta à mesa real, em Jerusalém.

2. Salomão contrapôs a *política de justiça* com a *política de opressão*. A experiência mosaica tinha a seguinte visão:

> Se alguém do seu povo empobrecer e não puder sustentar-se, ajudem-no como se faz ao estrangeiro e ao residente temporário, para que possa continuar a viver entre vocês. Não cobrem dele juro algum, mas temam o seu Deus, para que o seu próximo continue a viver entre vocês. [...] Pois os israelitas são meus servos, a quem tirei da terra do Egito; não poderão ser vendidos como escravos (Levítico 25:35-42).

Tudo isso se acaba quando Salomão começa a usar trabalho forçado para melhorar seu governo.

3. Salomão contrapôs *a religião da liberdade de Deus* com *a religião da acessibilidade de Deus*. A experiência mosaica teve esse tipo de visão da liberdade de Deus. Moisés insistiu na presença

de Deus: "Pois como se há de saber que achamos graça aos teus olhos, eu e o teu povo? Não é, porventura, em andares conosco, de maneira que somos separados, eu e o teu povo, de todos os povos da terra?" (Êxodo 33:16, ARA). Mas Yahweh responde em sua liberdade intransigente: "Terei misericórdia de quem eu tiver misericórdia, e me compadecerei de quem eu me compadecer. [...] Não me poderás ver a face, porquanto homem nenhum verá a minha face e viverá" (Êxodo 33:19,20, ARA).

Salomão conseguiu algo tido como impossível, pois pegou a inovação mosaica e a tornou nula e sem efeito. Na Jerusalém do século 10 a.C., é como se toda a revolução e experiência social não tivessem acontecido. A longa sequência da história imperial prosseguiu como se não tivesse sido interrompida por essa revelação do Deus livre. Salomão conseguiu uma continuidade alarmante com a própria realidade egípcia que Moisés procurou combater.

Talvez nem seja preciso acrescentar que o regime de Salomão foi capaz de silenciar críticas. Há duas maneiras pelas quais podemos silenciar críticas. A primeira é pelo caminho da proibição severa, apoiada por sanções vigorosas. O tratamento dado a Jeroboão, em 1Reis 11:40, sugere esse método, condizente com o estilo de "banho de sangue" com o qual o longo reinado de Salomão começou (1Reis 2). É curioso que Salomão não responda às extensas críticas do profeta Aías (1Reis 11). Na verdade, o profeta é ignorado. Esta é a segunda forma de lidarmos com as críticas: desenvolvendo uma imunidade natural e permanecendo totalmente inalterado diante delas. O narrador parece apresentar esse silêncio frio e resistente com uma dose deliberada de ironia. A mesma resposta é evidente após a forte advertência de 1Reis 9:1-9. Imediatamente, a narrativa responde: "Depois de vinte anos, durante os quais construiu estes dois edifícios, o templo do Senhor e o palácio real, o rei Salomão deu vinte cidades da Galileia a Hirão, rei de Tiro, pois Hirão lhe havia fornecido toda a madeira de cedro e de pinho e o ouro de que ele precisou" (9:10,11).

A consciência monárquica estava completamente domada. A crítica não tinha terreno alternativo viável e não precisava ser levada a sério. Se Salomão tivesse uma emissora de televisão à sua disposição, teria conseguido comprar os críticos mais ferrenhos, transformando-os em celebridades de *talk-shows*.

Não há provas concretas de que o regime perdeu seu ímpeto. Na verdade, a narrativa sugere um nível notável de energia para todos os tipos de desenvolvimentos estatais, especialmente na economia e na arquitetura. Entretanto, podemos pelo menos nos questionar sobre a "felicidade" da comunidade de Salomão (1Reis 4:20; 10:8), que reflete a felicidade da saciedade. É pelo menos imaginável que a felicidade caracterizada pela saciedade não seja idêntica à alegria da liberdade. É evidente que imunidade contra qualquer voz transcendente e o desrespeito pelo próximo conduzem, enfim, ao desaparecimento da paixão; e onde a paixão desaparece, desaparece também qualquer ímpeto humanizador sério.[13]

Embora a datação tardia de Eclesiastes estabelecida pela crítica não deva ser questionada, podemos levantar a hipótese de que a tradição estava intuitivamente correta em atribuir o ensinamento do livro a Salomão.[14] Acredito que o clima de cansaço com rela-

---

[13] Jürgen Moltmann viu claramente que a perda da paixão não é apenas um fator psicológico, mas um ingrediente previsível da opressão social; veja *The experiment hope*, org. e trad. para o inglês M. Douglas Meeks (Philadelphia: Fortress Press, 1975), cap. 6; mais extensamente, idem, *The crucified God: the cross of Christ as the foundation and criticism of Christian theology*, trad. para o inglês R. A Wilson; J. Bowden (New York: Harper & Row, 1974) [edição em português: *O Deus crucificado* (Santo André: Academia Cristã, 2011)].

[14] Assim, Hans Wilhelm Hertzberg vê uma ligação direta com os materiais de Gênesis: "O livro de *Qoheleth* (Eclesiastes) foi escrito pelo autor com Gênesis 1—4 à sua frente; o conceito de Qoheleth é formado com base na história da criação" (*Der Prediger*, KAT 17 [Gütersloh: Gerd Mohn, 1963], p. 230). Hertzberg levanta a hipótese de que a literatura é um reflexo de Gênesis 1-4, incluindo o material *J* (javista), provavelmente um texto salomônico. A ironia de ligar essa literatura, ainda que indiretamente, à situação salomônica é reforçada pela análise de Eclesiastes por James G. Williams, "What does it profit a man?", in: J. L. Crenshaw, org., *Studies in ancient Israelite wisdom* (New York: Ktav, 1976), p. 375-89. O próprio Williams não tem interesse nessa questão, mas a circunstância que ele postula para a literatura é sugestiva.

ção ao mundo, de saciedade, de tédio e de vaidade encontrados no livro reflete a situação do período salomônico. Na proporção em que Eclesiastes reflete uma situação de alienação, é possível que retrate uma situação como a de Salomão, o qual decidiu se opor ao mundo da comunidade libertadora de Moisés, e o fez de forma eficaz. Ele trocou uma visão de liberdade por uma realidade de segurança, baniu o próximo em troca de reduzir todos a servos e substituiu a aliança pelo consumo, de modo que todas as promessas foram reduzidas a mercadorias comercializáveis. Cada uma dessas trocas tornaram a energização menos provável.

Colocar as coisas dessa forma é julgar com severidade uma realidade cultural que, por outro lado, poderia fazer certas afirmações positivas sobre si mesma. Não estamos, contudo, empenhados em um estudo da consciência monárquica em seus próprios termos. Antes, o que estamos fazendo é considerar o significado da alternativa profética, uma alternativa para um mundo social destituído de crítica e energia. Ao mesmo tempo, porém, creio que seja importante compreendermos as ideias da época para não exagerarmos ou interpretarmos mal a perspectiva profética.

Podemos discernir duas grandes contribuições teológicas do período, ambas importantes para a fé bíblica e para a tradição cristã. A primeira é que há poucas dúvidas de que a *fé criacional* é completa e formalmente articulada pelo *establishment* de Jerusalém.[15] Vista de forma negativa, a fé criacional é usada como propaganda da monarquia, ousando afirmar que o complexo rei-templo-cidade real serve de garantidor da ordem social e cósmica, e que esse centro de realidade protege pessoas e comunidades dos perigos da anarquia. Em termos positivos, a fé criacional fala a uma comunidade que perdeu o interesse nas questões de sobrevivência e que está preparada para pensar de

---

[15]Compare com Bernhard W. Anderson, *Creation versus chaos: the reinterpretation of mythical symbolism in the Bible* (Philadelphia: Fortress Press, 1987; reimpresso com um novo prefácio).

forma mais ampla sobre grandes questões de proporção, simetria e coerência. Assim, é precisamente a fé criacional que resgata a Bíblia de um discernimento paroquial das questões humanas. No entanto, do ponto de vista dos profetas, nós fomos alertados. Na verdade, a fé criacional tendia a priorizar questões de ordem sobre questões de justiça. Tendia a valorizar excessivamente a simetria e queria silenciar as preocupações abrasivas dos pobres. Queria ignorar os diversos ângulos dos irmãos e irmãs históricos, e se concentrar nas grandes questões sobre as quais o rei presidia. Portanto, uma alternativa profética sabe que a fé criacional traz consigo certos custos, e que esses custos são pagos pelos marginalizados, que não figuram na ordenação estabelecida pelo rei.

Evidentemente, isso não significa imaginar que a fé criacional tenha sido articulada pela primeira vez em Israel no século 10 a.C., pois há evidências mais antigas. Mas é provável que, no século 10 a.C., a fé criacional tenha recebido pela primeira vez sua declaração programática em Israel. Tal como a comunidade mosaica havia procurado e desenvolvido uma descontinuidade acentuada com a consciência imperial, agora o empreendimento teológico envolvia um regresso a essas mesmas percepções e preocupações imperiais.

Uma segunda contribuição desse período é que ele apresenta, obviamente, o surgimento do *messianismo*, isto é, a apresentação do rei davídico não apenas como um acidente histórico importante, mas como um agente necessário dos propósitos definitivos de Deus. Em nível positivo, o rei davídico é entendido como um defensor dos necessitados e, portanto, figura como um potencial agente da visão mosaica.[16] Em nível negativo e mais

---

[16]A relação entre essas duas vertentes da tradição e essas duas percepções da realidade é uma questão fundamental para os estudos atuais do Antigo Testamento. Embora a própria tradição defenda a continuidade, os estudos aqui refletidos não apenas distinguem entre elas, mas veem um conflito profundo

realista, à medida que o rei assume importância e poder crescentes, e quando lhe é atribuído um papel duradouro nos propósitos de Deus, o objetivo principal passa a ser o bem-estar e a melhoria do rei *per se*, e não seu papel de defensor dos marginalizados. O significado da realeza poderia ter ido em qualquer direção, mas, na prática, não se tornou um cargo de defesa dos necessitados, e sim um agente de maior exploração pelos poderosos. A consciência profética é, assim, posta em alerta contra todo agente histórico que atribui a si um significado duradouro, até mesmo ontológico.

Tanto a *fé criacional* como o *messianismo* têm o potencial de fazer contribuições positivas relevantes para a vida e a fé de Israel. Ambos poderiam ter promovido a visão e a promessa de Moisés. A fé criacional poderia ter articulado a perspectiva de uma ordem cósmica e social justa, e o messianismo poderia ter prometido um defensor confiável e poderoso para os indefesos. Na prática, porém, ambos demonstraram tendências intrinsecamente reacionárias, que funcionaram para fortificar o *status quo* e para resistir às questões abrasivas da aliança. Desse modo, não só em termos econômicos e políticos, mas também em termos teológicos, o Israel monárquico do século 10 a.C. se distanciou da revolução da liberdade de Deus e das políticas de justiça e liberdade.

Pode ser que eu tenha esquematizado demais as coisas, mas acredito que a esquematização seja evidenciada pelo próprio texto. O surgimento da monarquia poderia ter acontecido de qualquer maneira, e a tradição oferece a esperança de uma realidade monárquica fiel, que se estende pelo menos até os dias de Josias (c. 640-609 a.C.). Contudo, não foi o que aconteceu,

---

entre ambas. Essa forma de colocar a questão realça a figura de Josias, na qual as duas vertentes são, por um breve período, mantidas juntas.

e isso de fato representa um grande problema para a fé bíblica. A realidade da monarquia atropelou a visão de Moisés. O dom da liberdade foi substituído pelo anseio pela ordem. A agenda humana de justiça foi utilizada em prol da segurança. O deus da liberdade e da justiça foi cooptado para um eterno agora; e, em lugar da paixão e do zelo, veio a saciedade.

Creio que despertar a paixão seja um objetivo crítico do trabalho profético, e essa possibilidade é exatamente o que a consciência monárquica almeja erradicar. Não há necessidade de nos aprofundarmos em um extenso exame dos escritos sobre o tema, mas apenas fazermos referência a Soelle, Moltmann, Wiesel e especialmente a Heschel.[17] A paixão como a capacidade e a prontidão para cuidar, sofrer, morrer e sentir é inimiga da realidade imperial. A economia imperial foi projetada para manter as pessoas saciadas, a fim de que elas não percebam. Sua política pretende abafar os gritos daqueles que foram negados, e sua religião é ser um ópio para que ninguém perceba a angústia presente no coração de Deus. O faraó, o governante passivo de um universo inflexível — sem revolução, mudança, história, promessa e esperança —, é o rei modelo para um mundo que nunca muda, de geração em geração. Esse mesmo universo fixo e fechado é o que todo rei anseia — até mesmo Salomão, em todo o seu esplendor.

Esse modelo de consciência monárquica não requer muita interpretação para ser visto como uma caracterização de nossa própria situação cultural. Não preciso ser imediatamente "relevante" sobre esses assuntos, pois o discernimento cuidadoso dos textos irá, de qualquer forma, iluminar a situação em que nos encontramos. Portanto, ofereço um paradigma com a perspectiva

---

[17]Veja Dorothee Soelle, *Suffering*, trad. para o inglês E. R. Kalin (Philadelphia: Fortress Press, 1975); Moltmann, *The experiment hope*; Elie Wiesel em vários trabalhos, como em *A beggar in Jerusalem* (New York: Schocken, 1997); Abraham Joshua Heschel, *The prophets* (New York: Harper & Row, 1962).

de que ele realmente possa nos ajudar a compreender nossa situação de forma mais eficaz. É preciso pouca imaginação para nos vermos nesta mesma tradição monárquica, isto é:

- Nós mesmos em uma economia de afluência e prosperidade, na qual estamos tão bem que não notamos a dor dos outros e podemos contorná-la.
- Nós mesmos em uma política de opressão, em que os gritos dos marginalizados ou não são ouvidos ou, então, são descartados como ruídos de malucos ou traidores.
- Nós mesmos em uma religião de imanência e acessibilidade, na qual Deus está tão presente para nós que sua abrasividade, sua ausência e seu banimento não são notados, e o problema é reduzido à esfera da psicologia.

Talvez você seja como eu, tão enredado nessa realidade a ponto de outro caminho ser quase impensável. A história dominante desse período, tal como a história dominante do nosso tempo, consiste em pastas de executivos, limosines, conferências de imprensa, metas e novos sistemas de armamento; e esse é um lugar onde não acontece muita *dança* e onde nenhum *gemido* é permitido.

Raramente percebemos que um relato minoritário pode ser encontrado na Bíblia, a perspectiva de alguns fanáticos cuja crença é que o retrato da história do ponto de vista monárquico não é acurado, visto não fazer justiça (*sic*) nem ao Deus de Israel, nem aos irmãos e irmãs israelitas.

No mundo imperial do faraó e de Salomão, a alternativa profética é uma piada de mau gosto, seja para ser reprimida pela força, seja para ser ignorada pelo senso de satisfação. Somos, porém, um povo assombrado, uma vez que cremos que a piada de mau gosto está enraizada no caráter do próprio Deus, um Deus que não reflete nem o faraó nem Salomão. Ele é um Deus com um nome próprio, que não pode ser pronunciado por ninguém além dele. Ele não é reflexo de ninguém, pois tem a sua própria identidade e a retém somente para si. Ele é um Deus não credenciado pelo império, desconhecido das cortes, indesejável no templo — e sua história começa em sua atenção ao clamor dos marginalizados. Deus, ao contrário de seus regentes reais, é alguém cuja pessoa é apresentada como paixão e *páthos*, como o poder de cuidar, a capacidade de chorar, a energia para lamentar e depois para se alegrar. Os profetas à imagem de Moisés sabiam que o cuidado, o choro, a tristeza e a alegria de Deus não serão superados pelo aparato ou pela imunidade da monarquia, porque ele é, de fato, Deus; e os reis devem confrontar esse fato.

Portanto, este é o paradigma que sugiro para a imaginação profética: uma consciência alternativa, dedicada ao *páthos* e ao zelo da aliança, contrapondo-se à consciência monárquica dominante, que, com seu programa de saciedade imediata e alcançável,[18] redefiniu, em todos nós, a noção de humanidade, criando uma consciência subjetiva, preocupada apenas com a autossatisfação. A consciência monárquica negou a legitimidade da tradição (cuja exigência é que nos recordemos), da autoridade (cuja expectativa é que respondamos) e da comunidade (que nos chama ao cuidado). Ela entronizou de tal forma o presente que um futuro prometido — adiado, porém certo — é impensável.

O programa real de saciedade alcançável:

- É alimentado por uma forma administrativa de pensamento, cuja crença é que não há mistérios a serem honrados, apenas problemas a serem resolvidos. Na perspectiva salomônica, esta não é uma época de grandes lideranças, batalhas heroicas ou iniciativas ousadas, mas de uma mentalidade contábil e gerencial.

[18]Usei o paradigma de forma bastante concreta em "A biblical perspective on hunger", *ChrCent* 94 (1977): 1136-41.

- É legitimado por uma "religião oficial de otimismo",[19] que acredita que Deus não tem outra função senão manter o nosso padrão de vida, garantindo para si um lugar no palácio dele.
- Exige a anulação do próximo como alguém que participou da nossa história e doou sua vida; imagina que podemos viver fora da história, como homens e mulheres de sucesso independente e autoproduzido.

É surpreendente pensar que, da inovação mosaica, apenas a palavra profética está mobilizada contra essa realidade sedutora.

[19]A frase é de Douglas John Hall, *Lighten our darkness: toward an indigenous theology of the cross* (Philadelphia: Westminster, 1976), cap. 3.

3

CRÍTICA PROFÉTICA E A ACEITAÇÃO DO *PÁTHOS*

JÁ REFLETIMOS sobre a formação de uma consciência que seja genuinamente alternativa à consciência monárquica como o paradigma para a imaginação profética. Agora, partiremos para a seguinte pergunta (certamente uma pergunta contemporânea): como seria essa consciência alternativa? Nesse ponto, tomo apenas o modesto passo de considerar algumas maneiras pelas quais os profetas de Israel lidaram com essa tarefa; por trás dessa consideração explícita, porém, questionamos o que podemos fazer no contexto em que estamos inseridos hoje.

Afinal, nós também somos filhos da consciência monárquica. Todos nós, de uma forma ou de outra, firmamos compromissos profundos com ela. Portanto, nossa primeira pergunta é: como podemos ter liberdade suficiente para imaginar e articular uma verdadeira novidade histórica em nossa situação? Isso não significa perguntar, como sempre perguntaram os profetas de Israel, se essa liberdade é realista, politicamente prática ou economicamente viável. Começar com essas perguntas é ceder tudo à consciência monárquica, mesmo antes de começarmos. Não precisamos questionar se essa liberdade é realista, prática ou viável, mas sim se ela pode ser *imaginada*. Precisamos perguntar se a nossa consciência e imaginação foram tão atacadas e cooptadas pela consciência monárquica que nos foram roubadas a coragem ou o poder de pensar ideias alternativas.

Ao passarmos dos paradigmas primordiais para a concretude dos profetas, podemos fazer uma pausa para considerar o que é um profeta e o que um profeta faz. Suspeito que o nosso autoconceito como pretensos profetas na maioria das vezes seja excessivamente sério, realista e até sombrio. Entretanto, conforme observou David Noel Freedman, o método característico de um profeta israelita é o da poesia e da canção. O profeta se envolve em fantasiar sobre o futuro. Ele não pergunta se a visão pode ser implementada, pois as questões de implementação não têm importância até que a visão possa ser imaginada. A *imaginação* deve vir antes da *implementação*, mas o problema é que nossa cultura é competente para implementar quase tudo e para imaginar quase nada. A mesma consciência monárquica que torna possível implementar tudo e qualquer coisa é aquela que restringe a imaginação, visto que a imaginação é um perigo. Assim, todo regime totalitário tem medo do artista.[1] É vocação do profeta manter vivo o ministério da imaginação, conjurando e propondo futuros alternativos àquele que o rei quer promover como o único imaginável.

De fato, a imaginação poética é a última ferramenta que temos para desafiar e contrapor a realidade dominante. A realidade dominante se encontra na prosa, mas a criação da poesia

---

[1]Rubem A. Alves o expressa de forma mais eloquente em *Tomorrow's child: imagination, creativity, and the rebirth of culture* (New York: Harper & Row, 1972). A prática da imaginação não é uma atividade subversiva por produzir ações concretas de desafio (o que pode acontecer), mas por manter o presente como algo provisório e por se recusar a absolutizá-lo. A prática de uma imaginação histórica mantém a possibilidade de um futuro que não é contínuo a partir do presente. A intenção de todo regime totalitário é fazer com que o futuro seja apenas uma continuação inquestionável do presente.

e do pensamento lírico requer mais do que uma habilidade de fazer rimas. Não estou interessado apenas na estrutura da poesia, e sim no profundo potencial que ela tem de apresentar alternativas que a prosa estruturada que nos rodeia não consegue inventar e se recusa a permitir. Esse trabalho criativo significa que, no cerne de nossa personalidade e de nossas comunidades, não tenhamos sucumbido completamente à apatia consumidora esposada pela consciência monárquica. Ele requer que ainda não tenhamos desistido da promessa que nos foi feita por um Deus suficientemente livre para cumprir suas promessas.

Não me refiro a pastores locais declamando poesias como forma de resistência ao Estado corporativista. O que estou tentando transmitir é que as mesmas questões que nos confrontam em escalas mais amplas também estão presentes nas esferas íntimas da vida — em nossa família, em nosso casamento e em nossa comunidade. Em nossa saciedade obtida, não temos nem o discernimento, nem a energia, nem a coragem de pensar livremente sobre futuros alternativos imaginados. Quando pensamos no termo "profético", não precisamos sempre pensar sobre tarefas públicas grandiosas. A tarefa profética precisa ser realizada onde quer que haja homens e mulheres que possam ceder ao futuro gerencial e em prosa que lhes é oferecido pelo rei. Assim, surge a questão: como iniciamos a tarefa construtiva de pensamento imaginativo, aprofundando-nos além da superfície rasa daqueles que estão prontos para ser "religiosos"? Minha sugestão é esta: *a consciência monárquica leva as pessoas ao entorpecimento, especialmente ao entorpecimento em relação à morte; então, o papel do ministério e da imaginação profética é confrontar e se envolver ativamente com as realidades do sofrimento e da morte.*

Embora não tenha usado a palavra, na análise das conquistas de Salomão tenho falado do "entorpecimento" como o destino da consciência monárquica. O sistema de Salomão encarna a perda da paixão, que é a incapacidade de se importar ou de sofrer. Basta compararmos a tristeza, a angústia e a alegria de Davi (2Samuel 1:19-27; 3:33,34; 12:15-23; 18:33; 19:4; 23:13-17) com a narrativa unidimensional de Salomão para percebermos que algo decisivo aconteceu de pai para filho. Nesse contexto, a abordagem sobre o entorpecimento diz respeito à apatia, à ausência de *páthos*, ao passo que, na declaração reflexiva de Eclesiastes, a mesma experiência é expressa como vaidade:

> Todos os rios vão para o mar,
> contudo, o mar nunca se enche;
> ainda que sempre corram para lá,
> para lá voltam a correr.
> Todas as coisas trazem canseira.
> O homem não é capaz de descrevê-las;
> os olhos nunca se saciam de ver,
> nem os ouvidos de ouvir.
> O que foi tornará a ser,
> o que foi feito se fará novamente;
> não há nada de novo debaixo do sol (Eclesiastes 1:7-9).[2]

Na linguagem de R. D. Laing, as pessoas devem simplesmente praticar o *comportamento* adequado porque não são mais capazes de vivenciar a sua própria *experiência*.[3] É evidente que o regi-

---

[2]Como indicado no cap. 2, a referência a Eclesiastes não significa questionar a datação helenística convencional, mas apenas a observação de que o cinismo do período helênico se correlacionou com o cinismo do ambiente salomônico. Em termos sociais, os dois períodos devem ser contrastados para Israel; quanto ao espírito humano, porém, os dois parecem chegar à mesma situação lamentável.

[3]R. D. Laing, *The politics of experience* (New York: Pantheon, 1967), cap. 1. Sua declaração programática é: "Se a nossa experiência for destruída, o nosso comportamento será destrutivo" (12). O contraste entre experiência e comportamento ilumina a recente declaração de Martin Marty, *A nation of behavers* (Chicago: Univ. of Chicago Press, 1976). O argumento deste capítulo é que os profetas de Israel devem lidar com esta alienação entre experiência e comportamento e que o Israel monárquico tornou-se capaz apenas de comportamento.

me não está interessado naquilo que as pessoas vivenciam, mas em seu comportamento, que pode ser gerenciado.

Mais especificamente, a consciência monárquica está comprometida em fomentar insensibilidade a respeito da morte. É inimaginável para o rei contemplar ou experimentar o fim de seus sistemas e de suas estruturas históricas favoritas, pois tais coisas se tornaram extensões de sua própria identidade; elas fazem parte do rei tanto quanto o rei faz parte delas. Desse modo, seus arranjos históricos precisam ser infundidos de um aspecto duradouro, até mesmo eterno. Os reis precisam atribuir a noção de "para sempre" a cada acidente histórico sobre os quais eles presidem. Assim, não é concebível entre nós que as nossas instituições públicas entrem em colapso. Por isso, temos que entrar no jogo da negação e do autoengano sobre nossas alienações, e devemos jogar esse "jogo do rei" em tudo: em nossos casamentos e nas relações importantes; com relação a nossos corpos, idade e saúde; em nossa coragem e em nossos compromissos.

No domínio público, não há lugar onde o fracasso possa ser enfrentado. Testemunhe a angústia contorcida de Richard Nixon — que, durante as investigações de Watergate, era mais semelhante do que dissemelhante de nós — ou a postura torturada de Bill Clinton durante todo o processo de *impeachment*. Em última análise, somos incapazes de enfrentar nossa própria morte. Todas essas negações sobre o fim são necessárias na comunidade monárquica, porque é muito caro enfrentá-las e aceitá-las; afinal, isso sugeriria que não estamos no comando, que as coisas não permanecerão para sempre do mesmo modo como as administramos e que tudo, ao final, não acabará bem. É função dos reis associar a palavra "para sempre" a tudo o que valorizamos, mas o grande dilema é que se espera que os funcionários religiosos usem o mesmo "para sempre", anexando-o às coisas de maneira que soe teologicamente legítimo. Mas "para sempre" é invariavelmente a palavra do faraó e, como tal, é a própria palavra contra a qual Yahweh e Moisés fizeram o seu trabalho libertador.

Certo dia, em 1975, uma faxineira chamada Miriam Blue passou oferecendo conselhos sobre problemas conjugais pelo estúdio de uma emissora de rádio em St. Louis durante um programa ao vivo. Ela simplesmente ofereceu conselhos de maneira improvisada enquanto se preparava para seu trabalho. Seu conselho acabou sendo mais sólido e inteligente do que o oferecido oficialmente e, assim, ela passou a fazer parte da programação regular. A senhora Blue se tornou um destaque, e as palavras com que ela começava e terminava eram: "Está tudo bem". Às vezes, dependendo do humor do locutor, ela era convidada a repeti-la várias vezes, talvez apenas para provocar uma risada, talvez com um pouco de ironia — até autoironia —, mas sempre como uma prática da religião do engano. No contexto comunitário pobre do qual ela vinha, talvez a frase "está tudo bem" fosse uma afirmação de confiança, que capacitava as pessoas a enfrentarem sua situação. Mas quando a mesma frase foi cooptada pelos meios de comunicação, tornou-se uma aprovação do *status quo*, reforçando a negação e o entorpecimento. É como um rei que diz "para sempre" a fim de manter todas as questões sérias sob controle.

O refrão da senhora Blue, agora cooptado, não é diferente da declaração irônica de Jeremias a respeito do autoengano entorpecido do templo: "Este é o templo do SENHOR, o templo do SENHOR, o templo do SENHOR!" (Jeremias 7:4). Nem é diferente de Toots Shor, o famoso dono de um restaurante em Manhatan frequentado por inúmeras celebridades. Em seus últimos dias, quando sua morte era iminente, ele disse: "Não quero saber o que tenho". Ele morreu de câncer. Trata-se de um resumo honesto da atitude fomentada pela consciência monárquica — a de não querer saber. Se não soubermos, talvez o mal não aconteça e possamos fingir por mais algum tempo. Ao negar a realidade para mim mesmo, também a nego ao meu próximo; e não preciso saber o que o meu próximo tem ou deixa de ter. Posso imaginar tanto a mim quanto ao outro como que fora da existência histórica; desse modo, o "para sempre" se transforma não em uma afirmação, mas em uma negação.

Bruce Lifton estudou as atitudes relativas à morte em nossa cultura, começando com Hiroshima e Nagasaki e as respostas dadas a esses acontecimentos.[4] Além deles, Lifton considerou a resposta mais geral à vida em um mundo onde a morte é tão visível, tão diária, tão difundida e tão volumosa — e, ainda assim, tão despercebida. Lifton concluiu que não temos uma forma adequada de nos relacionarmos com a realidade e o potencial da morte, de modo que a negamos com o entorpecimento.

Além do mais, segundo Lifton, por trás dessa prática assustadora há uma lacuna simbólica, ou seja, uma lacuna na qual não temos símbolos profundos ou fortes o suficiente para corresponderem com o terror da realidade. O que acontece quando os símbolos são inadequados e as coisas não podem ser levadas à expressão pública é que a experiência não será vivida. Obviamente, a noção de uma lacuna simbólica sobre a realidade da morte é pertinente para o nosso tema. Nesse sentido, a consciência monárquica, que carece de símbolos para a experiência plena, é a mesma consciência que anulou os símbolos para início de conversa. E esses símbolos, que libertarão a experiência e permitirão que ela seja redentora, acabarão por expressar precisamente as dimensões da realidade que o rei teme e não pode

[4]Robert Jay Lifton e Eric Olson exploraram o fracasso dos símbolos da morte e a destrutividade dela quando não há uma simbologia adequada; *Living and dying* (New York: Praeger, 1974). Eles falam de um "entorpecimento psíquico" e de uma "lacuna simbólica" (137). Os autores concluem que "a época em que vivemos é de grande entorpecimento e dessensibilização" causados pelas tecnologias da morte. Compare com Lifton, *Death in life: survivors of Hiroshima* (New York: Random House, 1967), p. 474, "Technology leads to disconnected death"; *idem*, *History and human survival: essays on the young and old, Survivors and the dead, peace and war, and on contemporary psychohistory* (New York: Random House, 1970), p. 175, em que Lifton fala da morte sem símbolos como "a amputação da sensação de conexão". A posição do profeta contra o rei nutre uma simbolização adequada e, portanto, insiste na conexão.

subjugar. É tendência dos reis anular todos os símbolos que revelam o que está além da administração real; assim, o poder do rei para destruir símbolos, reduzindo-os, torna necessária a posterior negação da experiência simbolizada.

Devemos observar que, muitas vezes, os praticantes religiosos inadvertidamente e com facilidade se tornam cúmplices, até facilitadores, dessa negação. Tornamo-nos homens e mulheres de bom humor, pois quem dentre nós não corre para amenizar as coisas, tranquilizar, encobrir a dor?

> Cada um ajuda o outro e diz a seu irmão:
> "Seja forte!"
> O artesão encoraja o ourives,
> e aquele que alisa com o martelo incentiva o que bate
> na bigorna.
> Ele diz acerca da soldagem: "Está boa".
> E fixa o ídolo com prego para que não tombe
> (Isaías 41:6,7).

Quando estamos em um quarto de hospital, queremos que ele seja alegre; e, em um casamento despedaçado, imaginar que tudo ficará bem. Levamos a promessa lasciva da imortalidade para todo o lado, não como uma promessa, mas apenas como negação do que a história traz e do que estamos realmente experienciando. Na tradição cristã, tendo sido cooptados pelo rei, somos tentados a legitimar a negação, oferecendo boas novas sem cruz e um bem-estar futuro sem angústia presente. Essa religião serve bem ao rei, pois ele imagina que ainda é rei. Imagina que pode administrar a crise e que seu pequeno castelo de areia durará (com o perdão da frase) "para sempre".

A tarefa da imaginação profética é romper o entorpecimento, penetrar no autoengano, para que o Deus dos finais seja confessado como Senhor. Veja: sugiro para o profeta em uma situação realmente entorpecida uma tarefa elementar e modesta. Essa tarefa tem três partes:

1. *Oferecer símbolos* adequados para enfrentarmos o horror e a seriedade da experiência que evoca entorpecimento e exige negação. O profeta nos fornece uma maneira pela qual o encobrimento e o bloqueio podem ser encerrados, o que não significa que os símbolos devem ser inventados, pois isso seria superficial demais. Pelo contrário: significa que o profeta deve reativar símbolos do nosso passado histórico, que sempre foram veículos para a honestidade redentora — por exemplo, "vão agora a Siló, [...] e vejam o que eu lhe fiz por causa da impiedade de Israel" (Jeremias 7:12) ou "lembrem-se do que o Senhor, o seu Deus, fez ao faraó" (Deuteronômio 7:18).[5] A simbologia do Êxodo, acima de tudo, serve para mostrar a todos os aspirantes a faraós que esse é o final catastrófico daquilo que parecia ser eterno.

2. *Trazer à expressão pública os mesmos medos e terrores* que foram negados durante tanto tempo e reprimidos de modo tão profundo que nós nem sabemos que eles existem. A expressão pública do medo e do terror naturalmente não exige nem um discurso analítico e nem a linguagem da coerção; exige, antes, a linguagem da metáfora, para que a expressão possa ser experienciada em muitos pontos por pessoas diferentes. Assim, o profeta deve falar de forma evocativa para trazer à comunidade o medo

---

[5]Símbolos eficazes são aqueles que surgiram da história da comunidade. Assim, não estamos falando de mitos universais, mas de simbolismo apropriado a uma história peculiar. Em Israel, podemos, então, referir-nos às memórias de incongruência que se ajustam à nação por meio da profecia de Jeremias. Veja a declaração provocadora de Peter R. Ackroyd, "Continuity and discontinuity: rehabilitation and authentication", in: D. A. Knight, org., *Tradition and theology in the Old Testament* (Philadelphia: Fortress Press, 1977), p. 215-34. Há um perigo nos símbolos que proporcionam continuidade, pois podem diminuir a realidade da descontinuidade; mas Ackroyd declarou para Israel aquilo que Lifton vê em nossa própria cultura.

e a dor que as pessoas desejam tão desesperadamente partilhar e dominar, mas que não têm permissão para fazê-lo. É óbvio que muitos discursos proféticos caricaturados servem apenas para encorajar a supressão, e não para acabar com ela. Esse discurso não exige rejeições abrasivas ou garantias baseadas na emoção, mas articulações honestas de como a realidade é percebida quando vista da perspectiva do coração de Deus.

3. *Falar de forma metafórica, mas concreta, sobre a verdadeira morte que paira sobre nós e nos corrói por dentro* — não com raiva ou com graça barata, mas com a franqueza nascida da angústia e do zelo.[6] A mortalidade que paira sobre nós não é a de uma vida longa e bem vivida, mas sim a morte introduzida nos jardins reais de Gênesis 2-3, uma história que certamente ressoa com o pensamento de Salomão em seu anseio para que todo o conhecimento e a vida sejam entregues à nossa gestão monárquica.[7] Essa morte se manifesta na separação, na perda de patrimônio e na procura de novas saciedades, que nunca poderão nos satisfazer. Somos, então, levados ao consumismo definitivo: consumir uns aos outros.

O profeta não repreende nem censura.; em vez disso, ele traz à expressão pública o pavor dos finais, o colapso da nossa

---

[6]A angústia e paixão que dão autoridade ao discurso não podem ser expressas considerando mitos abrangentes, mas devem estar fora da experiência da comunidade. Assim, o estudo da linguagem da metáfora e da parábola visa permitir que Israel experimente a sua própria experiência, conforme observado por Laing. Sobre a concretude da linguagem, veja Sallie McFague TeSelle, *Speaking in parables: a study in metaphor and theology* (Philadelphia: Fortress Press, 1975); John Dominic Crossan, *The dark interval: towards a theology of story* (Sonoma,: Polebridge, 1988; edição reimpressa); William R. Herzog II, *Parables as subversive speech: Jesus as pedagogue of the oppressed* (Louisville: Westminster John Knox, 1994). É tarefa do profeta energizar as metáforas resultantes da experiência histórica.

[7]Sobre um juízo crítico muito diferente deste texto, veja George E. Mendenhall, "The shady side of wisdom: the date and purpose of Genesis 3", in: H. N. Bream et al., orgs., *A light unto my path: Old Testament studies in honor of Jacob M. Myers* (Philadelphia: Temple Univ. Press, 1974), 319-34. A datação do exílio proposta por Mendenhall, *vis-à-vis* a datação salomônica convencional, pode sugerir paralelos importantes entre os dois períodos.

autoconstrução, as barreiras e hierarquias que nos protegem à custa uns dos outros e a terrível prática de tirarmos nosso alimento da mesa de um irmão ou irmã famintos. É tarefa do profeta convidar o rei a experimentar o que ele deve vivenciar, aquilo de que ele mais precisa e que mais teme experimentar — ou seja, que o fim da fantasia monárquica está muito próximo. O fim da fantasia do rei permitirá um vislumbre do verdadeiro rei, o qual não é fantasia; mas não enxergaremos o verdadeiro rei até que a fantasia se mostre um engano frágil e perecível. Precisamente no ano da morte do suposto rei é que o profeta e seus companheiros veem o verdadeiro rei, elevado e exaltado (Isaías 6:1).

Acredito que a linguagem adequada para o profeta superar o entorpecimento e a negação monárquicos é a *linguagem do lamento*, a retórica que envolve a comunidade no luto por um funeral que eles não querem admitir. Na verdade, trata-se do seu próprio funeral.

Tenho ficado cada vez mais impressionado com a capacidade do profeta de usar a linguagem do lamento e a criação simbólica de uma cena de morte como forma de tornar realidade aquilo que o rei deve enxergar, porém se recusa. Também creio que a dor e o luto, esse choro em *páthos*, seja a forma definitiva de crítica, pois anuncia o fim certeiro de todo o arranjo do rei.[8]

---

[8]Assim, o otimismo oficial e a apatia têm objetivos ideológicos. Em contrapartida, a dor e a lamentação, conforme instadas e praticadas pelos profetas, iniciam o desmantelamento da realidade monárquica. O sofrimento expresso é o início do contrapoder. Veja G. Müller-Fahrenholz, "Overcoming apathy", *EcRev* 27 (1975): 48-56. O autor segue o estudo de A. Mitscherlich ao observar a incapacidade dos alemães em lamentar o período nazista. Essa observação coincide com as descobertas de Lifton. O argumento de Müller-Fahrenholz concorda com o que foi aqui defendido, ou seja, de que sem sofrimento não haverá superação da apatia e aceitação de novas tarefas. Sobre o *páthos* como pré-requisito para o protesto, veja James L. Crenshaw, "The human dilemma and literature of dissent", in: *Tradition and theology in the Old Testament*, p. 235-37; Walter Brueggemann, "A shape for Old Testament theology, II: embrace of pain", CBQ 47 (1985): 395-415.

Jeremias

Nesse contexto, sugiro Jeremias como o modelo mais claro para a imaginação e o ministério profético, pois ele é um paradigma para quem lida com a postura entorpecida e negacionista de pessoas que não querem saber a gravidade de seu problema e dos problemas do próximo.

Jeremias costuma ser mal compreendido como porta-voz do juízo final ou um homem digno de pena, que guardava rancor e ficava chorando; mas seu lamento público e pessoal tinha outro motivo e servia a outro propósito. Jeremias incorpora a consciência alternativa de Moisés diante do rei negacionista.[9] O profeta lamenta o lamento de Judá porque sabe aquilo que o rei se recusa a saber. É evidente que Jeremias não despreza Judá de forma raivosa, mas articula o que estava realmente acontecendo na comunidade, quer eles o reconhecessem, quer não. Ele profere o que a comunidade tinha de negar para continuar o autoengano da saciedade alcançável e afirma que toda saciedade não passava de uma rápida ingestão de si mesmo que levava à morte. Jeremias sabia, muito antes dos outros, que o fim estava próximo e que Deus estava farto de ricos indiferentes, opressores cínicos e religiosos presunçosos. Ele sabia que a liberdade de Deus havia sido violada de modo tão grosseiro (como ocorreu em Gênesis 2—3) que a morte estava às portas, e não havia como evitá-la. Os profetas não pedem muito, nem esperam muito. Em seu luto, Jeremias pediu apenas que a comunidade monárquica encarasse a realidade de sua experiência, tão próxima do

---

[9]Compare com William L. Holladay, "The Background of Jeremiah's Self-Understanding: Moses, Samuel, and Psalm 22," *JBL* 83 (1964): 153-64. De forma menos direta, veja Sheldon Blank, "The Prophet as Paradigm", in: J. L. Crenshaw; J. T. Willis, orgs., *Essays in Old Testament ethics: J. Philip Hyatt, in Memoriam* (New York: Ktav, 1974), p. 111-30. Sobre o luto como definição da tradição de Jeremias, veja Peter Weter, "Leiden und Leidenerfahung im Buch Jeremia", *ZTK* 74 (1977): 123-50.

fim. O que tanto o profeta como o rei sabiam era que experimentar a realidade era, na prática, deixar de ser rei.

A dor de Jeremias estava em dois níveis. Primeiro, era a dor que ele sentia pelo fim do seu povo; e essa era uma dor genuína, porque ele se importava com esse povo e sabia que Deus também se importava com o povo. Mas a segunda dimensão de seu luto, mais intensa, era porque ninguém escutava e ninguém via o que para ele era tão transparente. Assim, sua dor se mantinha aguda e dolorosa, pois ele tinha de enfrentar regularmente a consciência monárquica, que insistia em "paz, paz" quando não havia paz, uma realidade que, aparentemente, só ele percebia. Penso que, nesse ponto, não exagero nem sobrevalorizo o contexto de Jeremias. Minha opinião é que quase todas as situações de ministério incluem esse componente de engano e o terrível pavor de que o nosso governo termine, quer o nosso governo seja uma tirania em um casamento, quer se resuma em manter o controle sobre a minha raiva ou meu ódio favorito. Não queremos nada que nos assegure a certeza da morte!

Para Jeremias, o ministério da tristeza não é o da autopiedade. Vendo o que ele viu entre o seu povo, essa era a única resposta apropriada. O profeta tinha visto o que estava lá para todos verem, se ao menos observassem; todavia, o povo se recusava a olhar, simplesmente negava a realidade ou não conseguia enxergá-la. A corte real viveu por tanto tempo em um mundo falso e protegido que o seu campo de percepção estava distorcido; mesmo com seu olhar mais acurado, eles simplesmente não conseguiam ver. E o que Isaías antecipou se cumpriu:

> Engorda o coração deste povo,
> e endurece-lhe os ouvidos,
> e fecha-lhe os olhos;
> não venha ele a ver com os seus olhos,
> e a ouvir com os seus ouvidos,

e a entender com o seu coração,
e a converter-se, e a ser sarado (Isaías 6:10, ARC).

Jeremias não precisava se preocupar; afinal, as pessoas não voltariam atrás e não encontrariam cura. Sua angústia com os acontecimentos que se desenrolavam era profunda, mas o que o perturbava de forma ainda mais intensa era a negação generalizada entre o povo. Em resposta a essa negação, Jeremias apresenta sua poesia.

Minha percepção é que, se alguém ler qualquer trecho da poesia de Jeremias, encontrará sua implacável expressão de tristeza. Conforme exploramos suas palavras, é essencial termos em mente que a vida de Jeremias esteve entrelaçada com acontecimentos cataclísmicos — o início do cativeiro babilônico, em 598 a.C., e a posterior queda de Jerusalém, em 587 a.C. Sua intensa emoção reflete o sentimento de um Deus que conhece profundamente a hora da crise, conforme observado por Abraham Heschel (referindo-se a Jeremias 8:7).[10] Tanto Deus como o profeta estão perfeitamente cientes de que chegou o tempo do fim. Já o rei ignora os tempos, preferindo sempre apagar o conceito de tempo para habitar em um perpétuo "agora". Deus tem um tempo para o seu povo e exige que eles tratem o tempo com a devida seriedade.[11] Por meio da palavra e do relógio em sua torre, a igreja proclama o tempo, insistindo que devemos viver no tempo de Deus. Mas a preferência do rei é que a vida seja como um cassino em Las Vegas, onde não há relógios ou tempo,

---

[10]Sobre a paixão do Senhor transmitida por Jeremias, veja Abraham Joshua Heschel, *The prophets* (New York: Harper & Row, 1962), cap. 6.

[11]Compare Karl Barth, *Church dogmatics* I/2, trad. para o inglês GW Bromiley (Edimburgo: T. & T. Clark, 1956), seção 14. Boa parte de seu argumento diz respeito à liberdade de Deus e à tendência do rei de negar o tempo em prol de um "agora eterno". Em contrapartida, a fé bíblica vive nos tempos de Deus, tempos de recordação e expectativa.

não há princípio ou fim, não há ocasião de falar ou de responder, mas apenas um presente constante e invariável.

Considere as maneiras pelas quais Jeremias penetra no entorpecimento da consciência monárquica ao articular a dor que a realeza tanto deseja negar. A tristeza é causada pela morte de Judá, a mesma Judá cuja existência os reis supunham que duraria para sempre:

> Ah, minha angústia, minha angústia! Eu me contorço de dor.
> Ó paredes do meu coração!
> O meu coração dispara dentro de mim;
> não posso ficar calado.
> Ouvi o som da trombeta,
> ouvi o grito de guerra.
> Um desastre depois do outro;
> toda a minha terra foi devastada.
> Num instante as minhas tendas foram destruídas,
> e os meus abrigos, num momento (Jeremias 4:19,20).

Sua dor é expressa como um acontecimento público e visível: a invasão e o massacre de seu povo. Jeremias descreve de maneira bastante vívida, quase passo a passo, o desastre que chega aos cômodos de sua própria casa. No entanto, esse acontecimento público é acompanhado por uma angústia interna em que o seu coração treme e se agita de medo; suas próprias entranhas são dominadas pelo terror.

No poema a seguir, Jeremias apresenta uma imagem cósmica do fim da criação:

> Olhei para a terra, e ela era sem forma e vazia;
> para os céus,
> e a sua luz tinha desaparecido.
> Olhei para os montes e eles tremiam;
> todas as colinas oscilavam.

> Olhei, e não havia mais gente;
> todas as aves do céu tinham fugido em revoada.
> Olhei, e a terra fértil era um deserto;
> todas as suas cidades estavam em ruínas
> por causa do SENHOR,
> por causa do fogo da sua ira (Jeremias 4:23-26).

Mas a poesia é mais do que o fim da criação. Lembre-se de que sugeri que a criação é uma obra garantida pelo rei. O rei é aquele encarregado de ordenar e preservar a criação, e, portanto, o retorno ao caos anuncia implicitamente o fracasso e o fim da realeza. Não há criação porque não há rei. Exatamente aquilo que justificava a realeza acaba se perdendo. Portanto, seja o que for, a corte real é confrontada com um futuro no qual ela não figura.

Na poesia dos capítulos 8 a 10, Jeremias fornece um rico suprimento de metáforas destinadas a quebrar o entorpecimento. Primeiro, há uma imagem sobre a interpretação totalmente equivocada da situação. Há tempo de lamentar e tempo de dançar, tempo de chorar e tempo de rir (Eclesiastes 3:4); mas Judá não sabe discernir o tempo:

> Até a cegonha no céu conhece as estações que lhe estão determinadas,
> e a pomba, a andorinha e o tordo
> observam a época de sua migração.
> Mas o meu povo não conhece
> as exigências do SENHOR (Jeremias 8:7; veja 4:22).

A hora do choro chegou. A hora da morte chegou, mas eles imaginavam que essa hora nunca chegaria. Após descrever os cavalos que se lançam com ímpeto na batalha, o profeta fica melancólico:

> Não há bálsamo em Gileade?
> Não há médico?

Por que será, então, que não há sinal de cura
para a ferida do meu povo?
Ah, se a minha cabeça fosse uma fonte de água
e os meus olhos, um manancial de lágrimas!
Eu choraria noite e dia
pelos mortos do meu povo.
Ah, se houvesse um alojamento
para mim no deserto,
para que eu pudesse deixar o meu povo
e afastar-me dele (Jeremias 8:22—9:2).

Em sua abertura relativa ao bálsamo, o profeta faz uma pergunta. Ele não faz uma afirmação, como na canção ("há um bálsamo em Gileade"), mas deixa o questionamento sem resposta. A segunda pergunta é feita com um *páthos* mais profundo: não há médico?[12] Na falta de uma resposta, Jeremias aprofunda sua expressão de dor. A resposta não lhe foi dada porque responder é o caminho do Israel monárquico. Agora não é hora de respostas, mas de perguntas que desafiam as respostas, visto que o serviço de atendimento real não funciona mais. Respostas advindas da fonte real sugerem controle e simetria; e isso acabou.

Dessa forma, o profeta expressa sua tristeza pela falta de uma resolução. Jeremias não consegue chorar o suficiente; ele precisa de mais lágrimas do que seus olhos permitem. Não há tempo suficiente, mesmo dia e noite, para essa morte de todas as mortes, "os mortos do meu povo". Primeiro, não há resposta; depois, lágrimas inadequadas. Por fim, o desejo de fuga: "Se houvesse um alojamento para mim no deserto [...] 'Eles vão de um crime a outro, eles não me reconhecem', declara o SENHOR". O choro,

[12]Sobre o uso notável desta metáfora por Jeremias, veja a declaração de James Muilenburg, "The terminology of adversity in Jeremiah", in: H. T. Frank; W. L. Reed, orgs., *Translating and understanding the Old Testament: essays in honor of Herbert Gordon May* (New York: Abingdon, 1970), p. 42-63.

a tristeza e a dor da morte são de Yahweh. Eles não reconhecem Yahweh. Não sabem lidar com aquele que é realmente livre e que ocasionará o desfecho. Yahweh não se enquadra em nenhuma das categorias de Judá, e eles não conseguem "controlá-lo". Então, insistem em tratar Yahweh como se ele fosse apenas mais uma divindade, apesar de isso não lhes trazer nenhum alívio, pois Yahweh será o Deus dos finais. Yahweh não pode ser evitado.

Jeremias é capaz de sentir empatia pelo povo da monarquia e anseia pela paz tanto quanto eles. Também quer que tudo continue como sempre, mas agora a morte mudou tudo: "Esperávamos a paz, mas não veio bem algum; esperávamos um tempo de cura, mas há somente terror" (8:15). O mais eloquente de todos os profetas não consegue encontrar palavras para trazer sua dor a uma expressão pública: "A tristeza tomou conta de mim; o meu coração desfalece" (8:18). A capacidade de pensar claramente e decidir com fidelidade foi perdida. Isso não é apenas uma pequena encenação para edificação pública: toda a sua vida incorpora a dor da morte de Judá. É a dor que Yahweh sabe que partilhará com o seu povo, uma dor que Judá não é capaz de sentir. Por isso, Jeremias deve responder por todo o seu povo.

Em sua longa e eloquente declaração sobre os reis apresentada no capítulo 22, Jeremias repreende e castiga, elogia e incentiva. Depois disso tudo, fala ao trágico menino-rei, Joaquim, chamado no texto de Conias. O menino é inocente, mas deve pagar pela dinastia e carregar em seu corpo o castigo de toda a família. Joaquim é Judá, o Judá exilado, e Jeremias coloca sobre ele a dor de todo o povo.

Em 22:28, Jeremias começa a lamentar por aquele que é inocente e esquecido, sem mais reivindicações a fazer: "É Joaquim um vaso desprezível e quebrado, um utensílio que ninguém quer?" Em seguida, o profeta emite o lamento mais comovente de toda a Bíblia, em que todo o país é mobilizado para lamentar a tragédia: "Ó terra, terra, terra!" (22:29). Por fim, a dinastia termina: "Registrem esse homem como homem sem filhos. Ele não prosperará em toda a sua vida; nenhum dos seus descendentes prosperará" (22:30). O rasgo no coração de Jeremias é indescritível. Ele não se gaba, nem se regozija. Ele preferiria que Joaquim resgatasse a monarquia de Judá, mas já é muito tarde.

O profeta sabe que é alguém inadequado para o luto pela morte de Israel, por isso pede pelo sofrimento público: "Pelos montes levantarei choro e pranto, e pelas pastagens do deserto, lamentação" (9:10, ARA). Nisso ele ecoa a expectativa de Amós de que o que está para acontecer deve ser levado à expressão pública:

> Haverá lamentação em todas as praças
> e gritos de angústia em todas as ruas.
> Os lavradores serão convocados para chorar
> e os pranteadores para se lamentar (Amós 5:16).

Amós não apenas pede pelo lamento, mas o faz em sua descrição de Israel abandonado e devastado:

> Caída para nunca mais se levantar,
> está a virgem Israel.
> Abandonada em sua própria terra,
> não há quem a levante (Amós 5:1-2).

Essa imagem de um moribundo é retomada por Jeremias e tornada ainda mais radical, pois a senhora agora já não é mais virgem, mas sim uma prostituta toda arrumada e sem ter para onde ir:

> O que você está fazendo, ó cidade devastada?
> Por que se veste de vermelho
> e se enfeita com joias de ouro?
> Por que você pinta os olhos?

Você se embeleza em vão,
pois os seus amantes a desprezam [...]
Ouvi um grito, como de mulher em trabalho de parto,
como a agonia de uma mulher ao dar à luz o primeiro filho.
É o grito da cidade de Sião, que está ofegante
e estende as mãos, dizendo:
"Ai de mim! Estou desfalecendo. Minha vida está nas mãos de assassinos!" (Jeremias 4:30,31).

É como uma mulher em trabalho de parto, mas sem o nascimento de uma vida, apenas a morte; há a respiração ofegante desesperada, seguida pelo silêncio. É o fim de Judá.

Primeiro, o profeta declara o seu próprio luto e, depois, "vai a público" e inclui os profissionais. Então, em uma declaração notável, Jeremias retrata a mãe de Israel, a amada Raquel, sofrendo:[13]

Ouve-se uma voz em Ramá,
pranto e amargo choro;
é Raquel, que chora por seus filhos
e recusa ser consolada,
porque os seus filhos já não existem (Jeremias 31:15).

A tristeza vivida por Jeremias e seus contemporâneos está além de sua capacidade. O luto deve ser apresentado por aquela que deu à luz em angústia e agora sofre pela morte de seus filhos. Não há mais consolo a ser encontrado nem conforto. A morte que surge do fim impensável é pareada ao nascimento do impensável

[13]Veja a delicada interpretação de Phyllis Trible, "The gift of the poem: a rhetorical study of Jeremiah 31:15-22", *Andover Newton Quarterly* 17 (1977), p. 271-80; idem, *God and the rhetoric of sexuality*, OBT (Philadelphia: Fortress Press, 1978). Veja também Walter Brueggemann, "Texts that linger, words that explode", in: *Texts that linger, words that explode* (Minneapolis: Fortress Press, 1999), p. 1-19, esp. p. 4-7.

milagre do começo. A palavra foi dita: Judá não existe mais; os judeus não são exilados nem punidos, simplesmente *deixam de existir*! Como encontrar qualquer consolo ou explicação para algo assim? A expressão poética do sentimento de Jeremias se encontra entre as mais ousadas do antigo Israel, pois a gravidade das circunstâncias exige audácia. Imagine reviver a matriarca Raquel para que ela chore por seus amados. Tudo o que resta é luto, pois:

> Seu ferimento é grave,
> sua ferida, incurável.
> Não há quem defenda a sua causa;
> não há remédio para a sua ferida,
> que não cicatriza (Jeremias 30:12,13).

> Tudo o que resta é a morte, de modo que a imagem é, então, levada ao extremo:
> Não é Efraim o meu filho querido?
> O filho em quem tenho prazer?
> Cada vez que eu falo sobre Efraim,
> mais intensamente me lembro dele (Jeremias 31:20).

A dor do luto de Yahweh é profunda e inflexível. A linguagem permite que as palavras de Jeremias transcendam a pessoa do profeta. Essa tristeza não é apenas uma peculiaridade ou esquisitice de Jeremias, pois não é nada menos do que o luto de Deus pela morte de seu filho.[14] Se fosse possível evitar esse fim trágico, Deus não o lamentaria. Não há promessa de esperança, apenas um anseio profundo que contém uma centelha de esperança, mas que não pressupõe nem reivindica muita coisa. Jeremias

---

[14] Terence E. Fretheim, *The suffering of God: an Old Testament perspective*, OBT (Philadelphia: Fortress Press, 1984), p. 132-36.

pisa por terrenos que seus contemporâneos evitam, explorando as profundezas do sofrimento de Deus — um caminho trilhado anteriormente apenas por Oseias. Yahweh já não é visto como um adversário determinado a punir ou destruir, mas como um pai impotente que precisa estar presente na morte, semelhante a Maria no Calvário ou a Davi diante de Absalão: "Meu filho, meu filho". Mas ele está impotente e só pode lamentar.[15] A marcha em direção à morte está tão avançada que ninguém — nem o rei, o templo ou mesmo Yahweh — pode detê-la. Eventualmente, a misericórdia chegará, mas não antes da morte, e tudo o que temos aqui é um anseio enigmático, mesmo por parte de Yahweh, de que a história não siga o seu curso implacável.

Aqui, a poesia usa a linguagem da dor, tal como é caracteristicamente encontrada nos poemas de lamentação. Há um sentimento de abandono, sem ninguém que nos conforte, e um anseio por misericórdia — mas apenas um anseio. Deve haver luto por Israel, e não terá tão cedo uma palavra que vá além da dor.

Jeremias falou a um povo de olhos encobertos, que olhavam e não viam, pois estavam tão encapsulados em seu próprio mundo de fantasia que se tornaram estúpidos e sem discernimento. Por isso, o entorpecimento não foi quebrado, e eles continuaram em seu mundo de ilusões: "Eles tratam da ferida do meu povo como se não fosse grave. 'Paz, paz', dizem, quando não há paz alguma" (Jeremias 6:14; 8:11). Pensaram que sua estupidez pactual era sabedoria monárquica (8:8), seguindo, assim, seus caminhos autoenganadores de realeza. Profetas imaginaram que o jugo era temporário, mas não definitivamente sério ou decisivo (caps. 27-28). Os reis imaginaram que anular uma palavra e queimar um pergaminho tornaria a soberania de Yahweh "inoperante" (36:23,24). Os reis fariam tudo, menos

[15]Mais comovente é a apresentação do Senhor por Elie Wiesel, *Ani Maamin: a song lost and found again* (New York: Random House, 1973).

lamentar, pois essa é a crítica derradeira e o anúncio definitivo do desmantelamento da nação.

Não precisamos forçar as palavras de Jeremias, esperando que sejam concretas ou específicas demais. O profeta está lutando para redefinir sua própria linguagem, para forjar uma nova epistemologia a partir da qual um tipo diferente de comunidade possa emergir. Jeremias não está apenas denunciando um mau comportamento ou exigindo arrependimento. A sua única aspiração é que a *dor* de Deus possa romper o *entorpecimento* da história. Sua abordagem não envolve intimidação ou avisos terríveis; está enraizada em um anseio profundo, nascido do sofrimento.

O que esse profeta está fazendo, então? Por que toda essa dor? Sem dúvida, Jeremias não é como um ministro emotivo, que acha que nenhum funeral está completo sem uma boa dose de choro. Tampouco o profeta crê que devemos nos tornar enlutados habituais, pessoas nas quais as lágrimas fluem à menor provocação. Mas sabemos, por nossa própria dor, mágoa e solidão, que lágrimas podem quebrar barreiras de uma forma que a raiva e a aspereza não conseguem. As lágrimas são uma forma de solidariedade na dor quando já não resta outra forma de solidariedade. Lidar com o entorpecimento com clareza significa entender que expressões de raiva, abrasividade ou indignação servem apenas para aprofundar a ferida, aumentar o entorpecimento e empurrar as pessoas a comportamentos desconectados daquilo que estão experimentando.

Esse tipo de entorpecimento enganador só é quebrado pela aceitação da negatividade,[16] pela articulação pública de que temos medo e vergonha do futuro que escolhemos. A dor e o arrependimento negados apenas imobilizam. No tempo de Jeremias, a

---

[16]Douglas John Hall relaciona o tema da negatividade com a teologia da cruz e com a nossa situação social: *Lighten our darkness: toward an indigenous theology of the cross* (Philadelphia: Westminster, 1976), esp. o cap. 2.

negação da dor e do arrependimento impediram qualquer novo movimento em Judá — quer da parte de Deus, quer em direção a Deus. A aliança estava congelada e não havia possibilidade de novidade até que o entorpecimento fosse quebrado. Jeremias entendeu que as críticas devem ser enfrentadas e aceitas, pois só então surge a libertação de doenças incuráveis, de alianças quebradas e de entusiasmo fracassado. Essa tradição de fé bíblica sabe que a angústia é a porta para a existência histórica, que a aceitação do fim permite o começo. Naturalmente, os reis pensam que a porta da angústia não deve ser aberta, já que ela desmantela reis fraudulentos. Reis sabem intuitivamente que o engano, as falsas reivindicações da prosperidade, a opressão e a religião estatal entrarão em colapso quando forem atingidos pelo ar da aliança. O enigma e a compreensão da fé bíblica é a consciência de que só a angústia leva à vida, só o luto leva à alegria e só a aceitação do final permite novos começos.

Na história da dor de Israel, Jeremias está no meio do caminho. Antes dele, Amós condenou aqueles que, em seu autoengano, eram incapazes de, ou não queriam, sofrer (Amós 6:6). Depois de Jeremias, vem Jesus de Nazaré, que entende a dor como a crítica definitiva que deveria ser dirigida contra Jerusalém (Mateus 23:27; Lucas 19:41). Jeremias fica no meio do caminho e fala da dor de Deus, na qual Israel finalmente deve participar. Sem isso não há novidade.

Jesus entende Jeremias. Eclesiastes afirma apenas que há tempo para chorar e tempo para rir; mas Jesus vê que só os que choram serão consolados (Mateus 5:4). Somente aqueles que aceitam a realidade da morte receberão nova vida. A ideia implícita em sua declaração é que aqueles que não choram não serão consolados, e aqueles que não enfrentam os finais não receberão os começos. A comunidade alternativa sabe que não precisa se envolver em enganos. Ela pode ser solidária com os que estão morrendo, pois são eles que têm esperança. Jeremias, em consonância com Moisés, entendeu o que pessoas entorpecidas nunca entenderão: que apenas os enlutados podem vivenciar suas experiências e seguir em frente.

Eu costumava achar curioso que alguém, quando solicitado a recitar espontaneamente um trecho bíblico, optasse pela passagem: "Jesus chorou". Parecia-me um atalho conveniente para evitar citar um texto mais longo. Entretanto, agora entendo a profundidade desse versículo. Jesus sabia o que nós, os entorpecidos, devemos sempre reaprender: (a) que o choro deve ser real, porque os finais são reais; e (b) que o choro dá lugar à novidade. As lágrimas de Jesus pavimentam o caminho do reino. Esse choro é um profundo ato de protesto, um desmantelamento atemorizante, pois sinaliza o fim de todas as pretensões de resistência; chorar é algo que os reis raramente fazem sem que percam os seus tronos. No entanto, a perda de tronos é precisamente o que a crítica radical exige.

4

Energização profética e o surgimento do maravilhamento

O MINISTÉRIO de Jeremias, da forma pela qual o consideramos como modelo, dizia respeito à crítica radical; e a crítica mais radical do profeta é na *tristeza pela morte*. A comunidade alternativa encarnada em Jeremias viu quão certamente fatal era tudo o que os reis chamavam de vida, mas sem dúvida há outros aspectos importantes do ministério desse profeta. Thomas Raitt, por exemplo, argumenta de forma convincente que Jeremias é o mais ousado e inventivo de todos os profetas da esperança.[1] Nessa perspectiva, diferentes questões críticas devem ser avaliadas; mas Raitt, à maneira de John Bright,[2]

[1]Thomas M. Raitt, A *theology of exile: judgment/deliverance in Jeremiah and Ezekiel* (Philadelphia: Fortress Press, 1977).

[2]John Bright, *Jeremiah*, AB 21 (Garden City,: Doubleday, 1965). Para diferentes perspectivas, veja Walter Brueggemann, *A commentary on Jeremiah: exile/homecoming* (Grand Rapids: Eerdmans, 1998), e Robert P. Carroll, *Jeremiah: a commentary,* OTL (Philadelphia: Westminster, 1986).

atribui a Jeremias partes substanciais da poesia da esperança, e chamo a atenção para isso a fim de não deturpar a riqueza da tradição do profeta.

De qualquer modo, minha hipótese principal é que a comunidade profética alternativa se preocupa tanto em criticar como em energizar. Por um lado, ela mostra que a consciência dominante (que rotulei de "monárquica") de fato acabará, e que não tem qualquer reivindicação definitiva sobre nós. Por outro lado, é tarefa da comunidade profética apresentar uma consciência alternativa, capaz de energizar a comunidade para novas formas de fidelidade e vitalidade. Tendo considerado a primeira dessas tarefas na tradição de Jeremias, passo agora para a segunda função da profecia: a de energizar. Proponho a seguinte hipótese: *a consciência monárquica leva as pessoas ao desespero em relação à possibilidade de avanço a uma nova vida. É tarefa da imaginação e do ministério profético levar pessoas a se envolverem na promessa de novidade que está em ação em nossa história com Deus.*

Pessoas entorpecidas não discernem e nem temem a morte. Em contrapartida, pessoas desesperadas não esperam receber boas notícias.

Excluindo a esperança

Como ponto de partida, pode-se afirmar que a consciência monárquica luta contra a esperança. Para aqueles a quem é negada a entrada na prosperidade, surge uma espécie de desesperança, já que há pouca ou nenhuma perspectiva de mudança no horizonte. Israel não tinha dúvidas de que, desde a conquista salomônica, a prosperidade do rei excluía um número cada vez maior de israelitas. De fato, esse é um ponto-chave na polêmica levantada por Amós. Assim, tanto naquela época como na nossa, a administração do rei leva inevitavelmente ao desespero para os que são excluídos.

É igualmente importante perceber que aqueles que têm acesso ao poder e à prosperidade também são vítimas da desesperança — ou, em uma linguagem mais contemporânea, partilham de um senso de impotência. A consciência monárquica almeja superar a história; portanto, a perda da vitalidade e da autoridade do futuro é proposital. A ordem atual — e, por extensão, o regime atual — afirma ser a ordem final e definitiva, e isso quer dizer que não pode haver futuro que questione o presente ou prometa uma saída. Desse modo, as alegações de plenitude da ordem presente se baseiam na desesperança. Essa forma insidiosa de escatologia inaugurada exige que as pessoas vivam sem esperança: o presente passa a ser interminável em sua projeção, intransigente em sua reivindicação de lealdade e inflexível em fazer as coisas da sua própria maneira. Nas palavras de um recente comercial de cerveja, você pode ser totalitário quando "acredita no que está fazendo" e conclui que o caminho escolhido é o "caminho certo".

Creio que o regime de Salomão tenha criado tal situação de desespero. O governo salomônico se agarrou desesperadamente ao presente, pois, sem ele, não restaria mais nada; o futuro já tinha sido anulado. Não acho exagero imaginar que a falta de promessas em Eclesiastes seja pertinente à consciência monárquica:

> O que foi tornará a ser,
> O que foi feito se fará novamente;
> não há nada novo debaixo do sol.
> Haverá algo de que se possa dizer:
> "Veja! Isto é novo!"?
> Não! Já existiu há muito tempo,
> bem antes da nossa época (Eclesiastes 1:9,10).

Não há nada de novo — em parte porque nada parecia acontecer, em parte porque o regime assim havia ordenado e decretado. A necessidade de anular o futuro deve conduzir a uma situação em que a esperança também seja negada. Em termos concretos, avanços tecnológicos, agrícolas, sociais etc., são impedidos nas monarquias aristocráticas porque os impostos, os dízimos, os tributos, os pedágios, os aluguéis e os confiscos drenam todos os recursos dos camponeses e toda a sua motivação para a criatividade; apenas a tecnologia da guerra avança a um ritmo mais rápido, porque ela contribui para a expansão e o controle do rei e de sua comitiva.[3] Além do mais, a autoridade do rei repousa na tradição dinástica; logo, a introdução de novas perspectivas abre a possibilidade de desafios à tradição e, portanto, à autoridade do rei.

Sem novos começos

Sendo mais específico, o fim ocorrido na queda em 587 a.C., tal como Jeremias tinha previsto, criou uma situação em que a consciência monárquica se viu sem recursos. Os mesmos reis que não conseguiam suportar a ideia de que um fim chegaria também não conseguiam imaginar um novo começo. Os que trabalharam tanto para negar o futuro e banir a esperança não puderam, de forma repentina, permitir que a esperança florescesse. É impensável para o rei imaginar ou experimentar um começo realmente novo, algo que não seja derivado ou extrapolado do que aconteceu antes. Os reis estavam habituados a novos arranjos e a novas configurações das mesmas peças, mas o desejo de gerir e controlar significava que novas intrusões eram tidas por indesejáveis. As mudanças tampouco são consideradas possíveis, permanecendo indiscerníveis quando acontecem. Por conseguinte, a mesma consciência monárquica que não conseguia imaginar finais — satisfazendo-se, portanto, com uma negação entorpecida — era

---

[3]Veja John Kautsky, *The politics of aristocratic empires* (Chapel Hill: Univ. of North Carolina Press, 1982), p. 7-8; K. C. Hanson; Douglas E. Oakman, *Palestine in the time of Jesus: social structures and social conflicts* (Minneapolis: Fortress Press, 1998), p. 64-70.

a mesma que não conseguia imaginar começos, contentando-se, então, com o desespero e com uma tolerância sombria ao novo *status quo*. Os começos não são mais concebíveis ou aceitáveis para os reis do que os finais, pois ambos anunciam uma soberania inescrutável, a qual a monarquia não é capaz de conceber.

Talvez o desespero esteja refletido em Salmos 137. Proponho, então, que o desespero experimentado durante o exílio babilônico não é um fenômeno novo, mas a culminação de um longo período de desesperanças e incertezas em Israel. Embora as imprecações de Salmos 137:7-9 talvez indiquem um leve sentimento de esperança, está claro que o poeta não tem qualquer expectativa ousada de restauração. Na melhor das hipóteses, representa uma determinação sombria, um compromisso com a memória, e um desabafo hostil. O salmo não traz nenhuma palavra sobre um recomeço que transformaria a história até então articulada. Já no poema de Lamentações, como observou Norman Gottwald, há sinais sutis de esperança,[4] mas não devemos ignorar a extrema cautela expressa na conclusão do último poema:

> Restaura-nos para ti, ó Senhor, para que sejamos restaurados!
> Renova os nossos dias como antigamente!
> Acaso nos rejeitaste por completo?
> Estás assim tão zangado conosco? (Lamentações 5:20,21, tradução do autor).

O poeta arrisca um pedido, mas com pouca convicção. O último par de perguntas retóricas parece esperar pelo pior.

A incapacidade de imaginar ou aceitar qualquer intervenção nova é previsível, tendo em conta a capacidade monárquica de administrar todas as peças. Isso também é verdade em nossa

[4]Norman K. Gottwald, *Studies in the book of Lamentations*, SBT 1/14 (2. ed. Chicago: Allenson, 1962).

vida pessoal, na qual muitas vezes supomos que os elementos familiares que frequentemente reorganizamos são os únicos que existem. A ideia de recebermos uma nova dádiva, vinda de fora da nossa realidade, nos soa como algo irracional, por isso não conseguimos crer nem na graciosidade e nem no juízo de Deus.

Estamos em grande parte limitados a refletir sobre os elementos que já temos, com nossas modestas expectativas confinadas a nossa racionalidade, linguagem e epistemologia. Não há plataformas públicas onde possamos articular uma esperança séria. O crucial, embora muitas vezes inaceitável, é uma expressão que redefina a situação e abra o caminho para novas dádivas que nos serão dadas. Sem um espaço público para reconhecermos e discutirmos dons que fogem à nossa racionalidade convencional, estamos fadados ao desespero. Sabemos muito bem que os ingredientes da novidade genuína não estão incluídos em nossos recursos atuais. Assim, na ausência de verdadeiras novidades, a vida se transforma em uma luta insatisfatória, uma confiança ressentida e um tipo de gestão que nunca ousa esperar demais.

Creio que essa situação não se mostra apenas no exílio de Judá, mas é típica de muitos contextos ministeriais. Ao confrontarmos a estagnação que caracteriza as doenças, o envelhecimento, os casamentos e os empregos de muitas pessoas, percebemos que fomos condicionados a não ter esperança, pois ela é intimidadora e desafia a consciência monárquica à qual a maioria de nós se adaptou para poder funcionar. A questão crítica para o ministério é se há algo que possa ser dito ou feito para contrariar essa ideologia de desesperança.

Desespero penetrante

A tarefa da imaginação e do ministério profético, especialmente como o vemos na Judá do século 6 a.C., é superar o desespero e penetrar na insatisfação que parece não ter fim ou resolução. Há poucas coisas que um profeta precisa fazer em uma situação tão desesperançosa como essa, de modo que sugiro uma tarefa básica e modesta, a qual inclui três ações, apresentadas a seguir.

Símbolos

Oferecer símbolos adequados para contradizer uma situação de desesperança na qual a novidade é impensável. O profeta tem apenas os meios da palavra falada e da palavra atuada para contradizer a suposta realidade de sua comunidade. Ele deve fornecer os meios pelos quais a esperança se torna novamente possível a uma comunidade de reis que passaram a se desesperar com a sua realeza. Após certo tempo, os reis se tornam analfabetos na linguagem da esperança, e esta exige uma simbolização muito cuidadosa. Ela não deve ser expressa de forma muito completa no tempo presente, porque a esperança que se pode tocar e manusear provavelmente não manterá o seu chamado promissório de um novo futuro. Sem dúvida, a esperança evidenciada apenas no tempo presente será cooptada pelos gestores desta era.

Que incumbência árdua é expressar um futuro que ninguém cogita ser imaginável! Naturalmente, essa expressão futura não pode se dar pela invenção de novos símbolos; isso seria alimentar ilusões. Pelo contrário: significa retornar às memórias mais profundas da comunidade e ativar os mesmos símbolos que sempre foram a base para contradizer a consciência reinante. Os símbolos de esperança, então, não podem ser gerais e universais, mas devem ser os mesmos que já são conhecidos de forma concreta na história particular da comunidade;[5] e quando o profeta, jun-

[5]Bernhard W. Anderson explora duas dimensões distintas da tradição à qual recorremos; em cada caso, porém, o foco é em uma tradição israelita específica. Veja "Exodus typology in Second Isaías", em *Israel's prophetic heritage: essays in honor of James Muilenburg*, org. B. W. Anderson e W. Harrelson (New York: Harper & Brothers, 1962), p. 177-95; "Exodus and covenant in Second Isaiah and

tamente com a comunidade, retorna a esses símbolos profundos, todos verão que a esperança não é uma hipótese tardia, acrescentada para remediar uma crise, e sim a dimensão primordial de cada memória dessa comunidade. A memória comunitária começa na forma promissora com a qual Deus fala às trevas do caos, à estéril Sara e aos oprimidos escravos egípcios. A fala de Deus diz respeito primariamente a um futuro alternativo.

Ao oferecer símbolos, o profeta tem duas tarefas. Uma delas é explorar a memória do povo e educá-lo para usar as ferramentas da esperança; a outra é reconhecer quão profundamente as palavras, a fala, a linguagem e as frases modelam a consciência e definem a realidade. O profeta, usando ferramentas de esperança, contradiz o mundo presunçoso dos reis, demonstrando que esse mundo presunçoso não se alinha com a realidade e que fomos enganados e levados a acreditar em uma mentira, propagada por aqueles que controlam a tecnologia e os meios de comunicação. Portanto, a tarefa de oferecer símbolos não cabe a um burocrata cauteloso que simplesmente apresenta o que está disponível, mas àqueles que, afetados por sua própria angústia e pelo espanto, reconhecem a falsidade do mundo fechado da realidade controlada. A imaginação profética compreende que a verdadeira realidade tem seu início e adquire sua dinâmica a partir das promessas de Deus, sabendo que elas são verdadeiras mesmo em um mundo onde os governantes tentam suprimir todas as vozes, exceto a sua própria.

Esperança e anseio

A tarefa da imaginação e do ministério profético é *trazer à expressão pública as mesmas esperanças e os mesmos anseios* que foram

prophetic tradition", in: F. M. Cross et al., orgs., *Magnalia Dei: the mighty acts of God. Essays on the Bible and archaeology in memory of G. Ernest Wright* (Garden City: Doubleday, 1976), p. 339-60.

negados por tanto tempo — e reprimidos de forma tão profunda — que até desconhecemos sua existência.[6] Por um lado, a esperança é um absurdo, um motivo de constrangimento, pois contraria todas as afirmações que nos disseram serem fatos. Esperança é a recusa em aceitar a leitura da realidade pautada pela opinião da maioria; só é possível tê-la correndo um sério risco político e existencial. Por outro lado, a esperança também é subversiva, pois limita a pretensão grandiosa do presente,[7] ousando anunciar que o presente com o qual todos nos comprometemos agora está sendo questionado. Assim, faltava à comunidade do exílio as ferramentas da esperança. A linguagem da esperança e o espírito de admiração foram parcialmente abandonados por causarem constrangimento; a linguagem da esperança e a maneira de ser do maravilhamento foram parcialmente suprimidos por representarem uma ameaça.

É surpreendente pensarmos na expressão pública de esperança como uma forma de subversão da mentalidade monárquica dominante, cuja característica é o desespero. Não estou falando de otimismo, de desenvolvimento ou de avanços evolutivos, mas de promessas feitas por alguém que, apesar de ser muito maior e mais poderoso do que nós, está notavelmente *a nosso favor*. O discurso de esperança não pode ser explicativo e cientificamente argumentativo; antes, deve ser lírico no sentido de que toca a pessoa desesperada em muitos pontos diferentes. Mais do que isso, porém, o discurso de esperança deve ser primordialmente teológico, o que significa que deve ser feito na linguagem da aliança entre um Deus pessoal e uma comunidade. A promessa

---

[6]O ministério profético deve ver, mais claramente do que temos atualmente, a conexão integral entre fala e esperança! É apenas o discurso que torna a esperança possível e, quando a consciência monárquica da tecnologia interrompe o discurso sério, ela impede a esperança. Isso foi visto claramente por Paulo em sua afirmação em Romanos 10:14-21.

[7]Sobre o poder subversivo da esperança como forma de desmantelamento, veja John M. Swomley Jr., *Liberation ethics* (New York: Macmillan, 1972).

pertence ao mundo da fala confiante e da escuta fiel, e não será reduzida à “estilosa” linguagem filosófica ou ao discurso privado da psicologia. Será, enfim, sobre Deus e nós, sobre a sua fidelidade que veta a nossa infidelidade. Os que desejam ser proféticos devem aceitar essa prática absurda e essa atividade subversiva.

O incentivo para a expressão pública da esperança se fundamenta em uma convicção a respeito daqueles que creem e se baseia na capacidade de evocarmos e articularmos a esperança que está dentro de nós (veja 1Pedro 3:15). Essa esperança reside não só em nós, mas também em meio à comunidade, pois fomos ordenados por Deus para sermos o povo da esperança. A esperança está presente porque fomos criados à imagem de um Deus que faz promessas, e é afirmada no sacramento do batismo e está representada na Ceia do Senhor, que nos faz recordar da promessa “até que ele venha”. Ela é o fundamento de todos os credos que terminam com a confiança nas promessas de Deus. A esperança representa uma escolha que Deus oferece a Israel, uma escolha contra o desespero, contra o rebaixamento permanente ao caos (Isaías 45:18), à opressão, à esterilidade e ao exílio.

A esperança é o idioma primário dos profetas, não pela dinâmica geral da história ou pelos sinais dos tempos, mas porque o profeta fala a um povo que, quer queira, quer não, é o povo de Deus. Esperança é o que essa comunidade deve ter por ser a comunidade de Deus, convidada a participar da peregrinação divina. Por isso, da mesma forma que Israel é convidado a lamentar a dor de Deus pelo fim, também é convidado a ter esperança nas promessas de Deus. Esse mesmo ato de esperança é a confissão de que não somos filhos da consciência monárquica.

É claro que a esperança profética se presta facilmente a distorções, e pode ser tão exagerada a ponto de perder o contato com a realidade, ou tão trivial a ponto de não a afetar; ela pode se transformar em mero “pão e circo”, reforçando e adicionando ao desespero geral. Entretanto, o profeta tem outro propósito ao trazer a esperança à expressão pública: redirecionar a comunidade ao seu foco principal, ou seja, à fidelidade soberana de Deus. Essa reorientação é o que permite a rejeição do mundo fechado definido pelo rei. A esperança só pode existir quando há a passagem de um mundo controlado para um mundo em que a fidelidade de Deus é transmitida e ouvida. É esse foco central que reposiciona Israel em um novo contexto, transformando o exílio não em um destino permanente, mas no cenário em que a esperança pode emergir de forma ainda mais maravilhosa.

Não há um padrão objetivo que impeça um profeta de esperança de se tornar grandioso demais, trivial demais ou em um defensor do pão e circo. No entanto, talvez a única medida da fidelidade seja que a esperança sempre venha depois da dor, e que o articulador dessa expressão pública entenda e partilhe do sofrimento que gera a esperança. A esperança articulada sem uma profunda compreensão e participação no luto provavelmente será uma esperança falsa, incapaz de alcançar o desespero. Conforme ilustrado por Thomas Raitt, são precisamente aqueles que conhecem a morte de forma mais dolorosa que podem expressar a esperança com maior vigor.

Novidade que redefine

O profeta deve falar de esperança em termos metafóricos, mas deve falar de forma concreta sobre a verdadeira novidade que chega até nós e redefine a nossa situação. O profeta deve falar não só do abandono de Israel pelo seu Deus, mas da especificidade da Babilônia. Falar sobre novidade no exílio não vem de uma piedade feliz ou de um ódio à Babilônia, mas do ciúme duradouro de Yahweh por seu povo. Esse ciúme, tão estranho ao nosso mundo perceptivo, inclui a rejeição de seu povo, enviando os israelitas — e até o próprio Yahweh — para o exílio. É um ciúme que permanece com o seu povo, fazendo da angústia de Israel a angústia de

Yahweh, e do futuro de Israel o futuro de Yahweh. A esperança que deve ser expressa está enraizada na certeza de que Deus persiste, mesmo quando as evidências justificam a sua desistência. A esperança se fundamenta na capacidade que Deus tem de se utilizar até mesmo da loucura de Israel. A memória dessa "comunidade prestes a ter esperança" gira em torno de acontecimentos passados, repletos de esperança: Caim, o assassino de seu irmão, recebendo uma marca protetora; o caos da desordem nas cortes reais levando ao louvor; José, depois de rejeitado, reconhecendo que em todas as coisas Deus trabalha para o bem; Salomão, ele próprio, nascido do amor entre um casal real imperfeito. E em meio a tudo isso, surge uma palavra que contradiz o exílio.

A linguagem do maravilhamento

A linguagem da profecia cheia de esperança, ao superar o desespero e a desesperança dos reis, é a linguagem do maravilhamento. É uma linguagem que envolve a comunidade em novos discernimentos e em novas celebrações — justamente quando ela quase desistiu e não tinha nada acerca do qual comemorar. A linguagem do maravilhamento opera contra o desespero, assim como a linguagem da tristeza opera contra o entorpecimento. Acredito que, corretamente adotada, não se pode pronunciar uma linguagem mais subversiva ou profética do que a prática da doxologia, que nos coloca diante da realidade de Deus e o posiciona no centro de situações das quais achávamos que ele estava ausente. Na verdade, a linguagem do maravilhamento constitui o energizador máximo em Israel, e os profetas de Deus são chamados à prática dessa linguagem energizante.

O Segundo Isaías nos serve como o paradigma peculiar dos profetas da esperança para reis em desespero. Esse grande poeta do exílio entendeu que o discurso que reorganiza as peças e que ecoa a mentalidade gerencial de seus contemporâneos não vale a pena. O Segundo Isaías supostamente viveu e conheceu o *páthos* de Lamentações e a fúria de Jó.[8] No entanto, ele vai além do *páthos* e da raiva para discursos de esperança e doxologia.

O Segundo Isaías tem precursores indispensáveis em Jeremias e Ezequiel, segundo elucidado por Thomas Raitt. Contudo, mais do que Jeremias, Ezequiel ou qualquer outro, é o Segundo Isaías que anuncia à Judá exilada uma inovação genuína. O seu anúncio depende, em primeiro lugar, da audácia da sua pessoa e de seus poemas. Ele deve ter sido alguém notável para dizer coisas que violavam todo o campo perceptivo de sua comunidade. Em segundo lugar, sua fala depende da realidade de que o seu tempo realmente consistia em novidade, em que todas as velhas certezas estavam se descolando. A Babilônia estava de saída, e a Pérsia, de chegada; e esse poeta sabia exatamente discernir o tempo. Em terceiro lugar, e mais importante, sua fala depende da realidade e da confissão da liberdade radical de Yahweh, uma liberdade não apenas das concepções e expectativas de seu povo, mas também das ações passadas do próprio Yahweh. Deus, como vemos em Reinhold Niebuhr, realmente tem coragem para mudar.[9] Sua liberdade não é um acontecimento piedoso ou espiritual; a liberdade de Deus é perceptível na esfera pública.

---

[8]A riqueza da linguagem do Segundo Isaías sugere que o poeta não apenas vivenciou, mas também conheceu e utilizou a literatura de sua época; compare especialmente Klaus Baltzer, *Deutero-Isaiah*, trad. para o inglês M. Kohl, Hermeneia (Minneapolis: Fortress Press, 2001). As ligações entre Jó e o Segundo Isaías na teologia da criação foram observadas por Robert Pfeiffer, "Dual origin of hebrew monotheism", *JBL* 46 (1927): 193-206. Vale a pena investigar a possibilidade de o Segundo Isaías ser uma resposta à tristeza de Lamentações. A poesia do Segundo Isaías, começando com "Consolem, consolem" (Isaías 40:1), talvez seja uma resposta ao "ninguém para consolar" de Lamentações (1:2,17).

[9]A referência é apenas parcialmente brincalhona à biografia de Reinhold Niebuhr escrita por June Bingham, *Courage to change: an introduction to the life and thought of Reinhold Niebuhr* (New York: Scribner, 1961). Essa mesma frase não se aplica apenas ao Senhor de Israel, mas é uma importante afirmação profética contra a imutabilidade de Deus promovida pela consciência monárquica, cujo anseio é pela estabilidade eterna.

Ao falar de perdão, Raitt diz: "Jeremias e Ezequiel começaram a comunicar uma mudança revolucionária na vontade e no plano de Deus para o seu povo na história [...] um novo 'jogo' ou dispensação começou [...]. Deus está operando sob um novo plano".[10] Essa é a primeira palavra do Segundo Isaías aos exilados, uma palavra de perdão:

> Consolai, consolai o meu povo, diz o vosso Deus
> Falai ao coração de Jerusalém,
> bradai-lhe que já é findo o tempo da sua milícia
> que a sua iniquidade está perdoada
> (Isaías 40:1,2, ARA).

Os inconsoláveis são consolados. Não se trata de uma palavra no vácuo ou de alguma teoria geral sobre um Deus gracioso: o poeta responde de forma precisa e concreta. Ele responde à Raquel de Jeremias, que se recusa a ser consolada (Jeremias 31:15), e fala diretamente a respeito e em resposta ao poemas de Lamentações, que "não encontraram ninguém que consolasse [Jerusalém]" (Lamentações 1:2, 16, 17, 21). Encontrar conforto no exílio não é uma ideia concebível, mas, nesse notável início ao poema, o profeta recusa o desconsolo. O Deus livre está acabando com toda essa situação e, agora, decreta uma anistia outrora impensável. A fala do profeta faz Israel saber o que a nação não sabia antes que ele falasse, e a esperança é gerada pelo discurso, que antes deixava Israel em desespero. Na verdade, não é esse o caso de todos nós? Antes que alguém fale conosco, não conhecemos nenhum futuro, e nenhuma novidade é possível. Onde não há fala, devemos viver em desespero. O exílio é, antes de tudo, o lugar onde a nossa fala foi silenciada e a fala de Deus,

[10] Raitt, *A theology of exile*, p. 188-89.

banida; mas é precisamente no exílio que o poeta profético afirma a esperança.

A esperança anunciada não é um sentimento agradável ou um novo estado espiritual interior. Pelo contrário: baseia-se em um discernimento radical da situação mundana de Israel. Por duas vezes, o poeta adota um anúncio *político* radical. Primeiro, ele instrui o vigia a anunciar uma nova realidade:

> Tu, ó Sião, que anuncias boas-novas,
>   sobe a um monte alto!
> Tu, que anuncias boas-novas a Jerusalém,
>   ergue a tua voz fortemente;
>   levante-a, não temas
> e dize às cidades de Judá:
>   "Eis aí está o vosso Deus!".
> Eis que o Senhor Deus virá com poder (Isaías 40:9,10, ARA).

Perceba que o profeta possivelmente sentiu medo de transmitir uma mensagem tão absurda e desafiadora, mas é exortado a não temer. Ele é chamado a fazer uma declaração que transforme o exílio. A nova realidade que o profeta anuncia é que Deus, que parecia irrelevante ou impotente, reivindicou o seu trono; e essa reivindicação acontece em pleno exílio, bem debaixo do nariz dos babilônios. O poeta leva Israel a um festival de entronização, assim como Jeremias levara Israel a um funeral. A abordagem de Jeremias deixou Israel imerso em profunda tristeza, mas o Segundo Isaías traz Israel de volta à superfície. Enquanto Jeremias procurou romper o *entorpecimento* da nação, o Segundo Isaías lidou com o *desespero*. Ambos os profetas, inspirados na tradição libertadora de Moisés, falaram contra a mentalidade monárquica que sufocava tanto a dor como a esperança.

Devemos permanecer com a metáfora da entronização sem abandoná-la cedo demais ou sem torná-la literal demais. O poeta não está alterando a política externa, mas reavivando a imaginação de Israel. Ele afirma uma novidade que é tão antiga que Israel já se esqueceu, mas que está gravada na memória. O triunfante Cântico do Mar de Moisés terminou com a entronização: "O Senhor reinará eternamente" (Êxodo 15:18). O Segundo Isaías parece guiar Israel de volta à doxologia de Moisés, mas fazendo mais do que apenas trazer à mente uma memória: trata-se de uma tomada de poder nesse momento, trazendo consigo a deslegitimização de todos os que reivindicam ou afirmam definir a realidade. Nesse ato de linguagem, outros concorrentes ao poder e à definição da realidade jazem mortos na praia, como os antigos egípcios, e esse ato público de articulação poética remodela o destino de Israel. Experimentar o exílio com o soberano coroado é muito diferente de um exílio sem rei, pois sugere que a severidade da situação pode ser resolvida.

E a divindade que reivindica o seu trono é um Deus e tanto! Ele tem a masculinidade aterrorizante de um guerreiro preparado para a batalha e a gentileza maternal de alguém que carrega um cordeiro. Veja o consolo dos exilados: inclui tanto um con*fort*o de enorme poder (ênfase em *-fort*, "força") quanto o *con*forto do companheirismo (ênfase em *con-*, "ao lado de"). Israel está em uma nova situação, na qual cantar é novamente possível. Você já passou por um momento em que o seu estado emocional — a raiva, a depressão, a preocupação ou a exaustão — o impediu de cantar? Também já experimentou, em seguida, uma reviravolta, uma mudança que lhe permitiu cantar de novo? A mudança aconteceu porque alguém falou com você, te chamou pelo nome, te reconheceu e te consolou. O profeta torna o cântico possível, e o império sabe que quem canta com ousadia não aceita a definição da realidade imposta pelo rei. (A propósito: se a falta de canto é um indicador de exílio, então estamos exilados, pois somos um povo que mal consegue cantar.) De qualquer modo, o profeta faz renascer a esperança do canto. A segunda fórmula de entronização nos é ainda mais familiar:

Que formosos são sobre os montes
os pés do que anuncia as boas-novas...
que faz ouvir a salvação,
que diz a Sião: "o teu Deus reina!" (Isaías 52:7, ARA).

Aquele que parecia ter perdido o controle agora está no comando. Aquele que, nos escritos de Jeremias, parecia terminar em lamento e falência é o mesmo que, agora, inverterá a história. O poeta sabe bem que a verdadeira inversão para o poder só acontece pelo sofrimento (49:14,15) e que o regozijo pertence àqueles que conhecem o abandono e o *páthos*. Trata-se de um percurso curioso e peculiar até a entronização, mas é o que vemos na história de Israel.

O efeito causado pelo Segundo Isaías é energizar Israel para uma nova fé, mas observe a forma radical, ousada e até revolucionária que a energização assume. O profeta não emprega truques psicológicos nem passos fáceis de meditação; as questões com as quais ele lida não são particulares, pessoais, espirituais ou internas. A única energização necessária e oferecida é o discernimento de Deus em toda a sua liberdade, o desmoronamento das estruturas do cansaço e o destronamento dos poderes da fadiga. (Jesus, em suas palavras sobre o cansaço, o descanso e a mudança de jugo [Mateus 11:28-30], é fiel à ideia apresentada pelo Segundo Isaías.) O lamento diz respeito à perda da verdadeira realeza, enquanto a doxologia corresponde à aceitação fiel do verdadeiro rei e à rejeição de todos os reis falsos.

Seguindo o que já foi proposto por outros, também eu sugiro que as duas fórmulas de entronização — encontradas em Isaías 40:9-11 e 52:7 — são as fontes a partir das quais o resto da poesia flui. O restante é uma exegese da realeza recém-afirmada nessas passagens. É função do poeta levar os exilados a uma decisão sobre a soberania divina, já que eles não querem escolher; pessoas deprimidas relutam em agir, e as que estão desesperadas acreditam que suas escolhas não têm sentido. Contudo, o primeiro passo para escapar do exílio e do desespero é aceitar, de forma clara, a soberania divina e, a partir disso, impulsionar uma decisão.

Primeiramente, Segundo Isaías contrasta os dois tipos de deus de maneira arrogante. O primeiro tipo simplesmente desgasta o adorador:

> Bel se curva, Nebo se abaixa,
> os ídolos são postos sobre os animais, sobre as bestas;
> as cargas que costumáveis levar
> são canseira para as bestas já cansadas (Isaías 46:1, ARA).

Os ídolos devem ser carregados para lá e para cá, e tudo de que um exilado menos precisa é de mais peso morto. Compare o fardo de carregar esses ídolos com o Deus que, em sua liberdade, não precisa de exilados para carregá-lo:

> Escute-me, ó casa de Jacó,
> todos vocês que restam da nação de Israel
> Vocês, a quem tenho sustentado desde que foram concebidos,
> e que tenho carregado desde o seu nascimento [...]
> E os fiz e eu os levarei;
> eu os sustentarei e eu os salvarei (Isaías 46:3,4; veja 43.22-24).

Se energia é o que está em falta, é melhor encontrarmos um Deus que seja livre, capaz e disposto a assumir a responsabilidade pela sua divindade. Há uma grande ironia em um exilado cansado e desesperado ser a imagem de um deus que deve ser carregado por causa do cansaço. Mas os adeptos deste outro Deus são energizados, fortalecidos e capazes de viver uma vida fiel. O contraste que percebi não é novo e já foi observado por muitos, mas o que desejo enfatizar é a dimensão sociopolítica do poema: a adesão à consciência monárquica e à sua definição de realidade tornam as pessoas cansadas e sem esperança. O mero recitar de um poema radical não significa absolutamente nada, a menos que reconheçamos a luta contínua para definir a realidade, uma luta que está intimamente ligada às dinâmicas do poder.

O contraste entre as divindades babilônicas e Yahweh, bem como a ridicularização dos deuses babilônicos, é ainda mais enfatizado quando o profeta zomba da senhora Babilônia. Que tipo de senhora é a dona Babilônia? Uma donzela grandiosa e com modos corteses? Uma madrasta tirânica? Uma senhora com uma casa magnífica? Pois bem: todas essas percepções são declaradas obsoletas, pois o novo capítulo na história de Israel com Yahweh significa o fim do reinado imperial da Babilônia.

> Desça, sente-se no pó,
> Virgem Cidade de Babilônia;
> sente-se no chão sem um trono,
> Filha dos babilônios.
> Você não será mais chamada
> mimosa e delicada.
> Apanhe pedras de moinho e faça farinha;
> retire o seu véu.
> Levante a saia, desnude as pernas,
> e atravesse os riachos.
> Sua nudez será exposta
> e sua vergonha será revelada (Isaías 47:1-3).

O poeta adota o tipo de tática de guerrilha que é sempre necessária em nome dos povos oprimidos. Em primeiro lugar, aquela que é odiada precisa ser ridicularizada e tornada acessível, porque então ela poderá ser desobedecida e vista como uma qualquer que não pode exigir obediência e é incapaz de manter promessas. Sua grande casa não produz vida verdadeira, não precisa ser temida, não pode ser confiável e não deve ser honrada.

Quando se zomba dos deuses babilônicos, quando a cultura babilônica é ridicularizada e quando o rei que havia sido destronado volta ao trono, então a história é invertida. O funeral se transforma em festa, a dor se transforma em louvor e o desespero se transforma em maravilhamento. Talvez o cântico do profeta não passe de um evento de culto, mas não o subestime; afinal, o culto, quando atrelado à experiência histórica, de fato pode energizar as pessoas. Observe, por exemplo, as igrejas afro-americanas e os movimentos pelos direitos civis, ou então a resistência de libertação na América Latina. O culto pode servir de encenação para a inversão que os reis consideram impossível. É na inversão que a sombria e monárquica classe média entre nós não acredita, e é a inversão que surpreende as pessoas destituídas de poder. Inversões não são fáceis, não são gratuitas, e nunca serão organizadas e nítidas. Mas não devemos subestimar o poder do poeta. Inversões podem começar com uma mudança de linguagem, com um campo perceptivo redefinido ou com uma conscientização renovada. Assim, o poema fala de inversão mesmo em um contexto de exílio, com diversas imagens significativas ilustrando esse poder transformativo, e três delas nos são de particular importância.

Cântico novo

Quando o novo rei governa, é hora de um cântico novo (Isaías 42:10). É sempre hora de novas canções quando o novo rei chega, quando os lamentadores profissionais e de plantão não são mais requisitados. O funeral terminou; é hora da festa. É tempo de as crianças brincarem outra vez, tempo de chamar os cantores, tempo de convocar os que sabem discernir situações novas. Os cânticos antigos tinham de ser cantados na presença de escarnecedores (Salmos 137:3) e eram uma vergonha, pois falavam de tudo o que havia fracassado. Mas o tempo do cântico novo é uma forma de cantar uma nova realidade social, já que os hinos de liberdade estão por trás de cada ato de liberdade. A energia vem da canção que celebrará a subida de Yahweh a seu trono e a descida da Babilônia a seu túmulo. Conforme observado por Abraham Heschel, só os que participam da aliança podem cantar. O tempo do cântico novo é quando uma nova aliança inaugura um novo modo de realidade.

Filhos à estéril

Uma segunda imagem é a da concepção concedida às mulheres estéreis. Obviamente, a noção de "esterilidade" se refere à incapacidade biológica de gerar filhos, mas, metaforicamente, como em Isaías 54:1-3, simboliza uma perda de futuro e, por isso, um senso de desesperança. Assim, "esterilidade" se aplica a vários contextos sociais. Em contrapartida, "nascimento" é entendido metaforicamente como a abertura de um novo futuro, a criação de alternativas pelo poder milagroso de Deus. Em nossa sociedade, o conceito de esterilidade pode representar um estado de desespero. "Eunucos" de ambos os gêneros, por exemplo, têm a sua vitalidade e seu potencial de crescimento suprimidos pelas exigências de corporações, da vida acadêmica ou da igreja (já que, muitas vezes, professores e pastores têm as energias e a vida familiar sugadas tanto quanto profissionais corporativos). Essa supressão leva à falta de energia de gerar ou de suportar uma nova vida. Afinal, quem gostaria de gerar filhos para a Babilônia?

Nossa história sempre começa com as estéreis: com Sara (Gênesis 11:30), Rebeca (Gênesis 25:21), Raquel (Gênesis 29:31), Ana (1Samuel 1:2) e Isabel (Lucas 1:7). É a pessoas assim, consideradas praticamente mortas (Hebreus 11:12), que um presente maravilhoso é dado. A incapacidade de gerar é um problema curioso, e, mesmo com toda nossa ciência, nós sabemos que as razões costumam ser históricas, simbólicas e interpessoais.

É significativo que muitas vezes seja o anúncio de uma notícia — uma boa notícia, uma doxologia — que catalise o surgimento de um novo futuro e a vitalidade para a geração de uma nova vida.

Portanto, a inversão é a ocasião para o poeta falar com Israel sobre um novo futuro:

> "Cante, ó estéril, você que nunca teve um filho;
> irrompa em canto, grite de alegria,
> você que nunca esteve em trabalho de parto;
> porque mais são os filhos da mulher abandonada
> do que os daquela que tem marido", diz o SENHOR
> (Isaías 54:1).

As promessas mais antigas são novamente postas em movimento, e a Babilônia não consegue impedi-las. Sempre que as questões são definidas para colocar as promessas de Deus face a face contra Babilônia, não há contestação: a Babilônia não pode impedir a energização de Deus. Yahweh cumprirá as promessas feitas à mãe Sara.

Alimento

Uma terceira imagem é a da alimentação. Se vocês comerem o pão da Babilônia por muito tempo, serão destruídos. Alguns gostaram do pão da Babilônia e se tornaram babilônios; mas os israelitas exilados não se acostumarão com esse pão imperial. Assim, o poeta, em sua declaração sobre um pão alternativo, desmantela a panificação babilônica:

> "Venham, todos vocês que estão com sede, venham às águas;
> E vocês que não possuem dinheiro algum,
> venham, comprem e comam! [...]
> Comprem vinho e leite sem dinheiro e sem custo.

> Por que gastar dinheiro naquilo que não é pão,
> e o seu trabalho árduo naquilo que não satisfaz?"
> (Isaías 55:1,2).

Ao concluir sua fala sobre pão, o profeta articula com habilidade a melhor promessa feita a Israel (a promessa davídica), fala da glória de Yahweh (à custa de Marduque, o deus babilônico) e descreve o retorno ao lar:

> Deem ouvidos e venham a mim;
> ouçam-me, para que sua alma viva.
> Farei uma aliança eterna com vocês,
> minha fidelidade prometida a Davi (Isaías 55:3).

Neste ponto, admito a natureza aparentemente absurda de falar em cântico novo, muitos nascimentos e pão fresco, pois essas metáforas parecem se desconectar da realidade dos avanços tecnológicos e do poderio militar de hoje. Talvez seja esse o caso, mas devemos observar que essas imagens também foram consideradas absurdas quando mencionadas pela primeira vez na Babilônia imperial e científica. A tecnologia não se renderá de forma imediata, e reis dominadores não abdicarão prontamente do poder. Isso se evidencia, por exemplo, na longa luta contra o *apartheid* na África do Sul e nos vinte e seis anos de Nelson Mandela na prisão da Ilha Robben. O profeta procura apenas despertar a imaginação do povo, o que, por si só, transforma o desespero em energia.

O Segundo Isaías dá ao seu povo um presente notável: o profeta lhes devolve a fé por meio da rearticulação da antiga história. Dá-lhes a capacidade linguística para enfrentarem o desespero e cria um novo fundamento, fora da consciência dominante, sobre o qual uma nova humanidade é possível. O cético pode argumentar que nenhuma mudança real ocorreu, especialmente se a única mudança significativa for a queda imediata de impérios. Mas os profetas não são mágicos. Seu papel e habilidade consistem no uso de palavras que evocam visões e realidades alternativas, uma vez que simplesmente rearranjar a tecnologia não será suficiente para superar o desespero. Isso só acontecerá com o reconhecimento de que a vida não foi totalmente entregue ao nosso controle e que existe outro que reservou para si uma liberdade soberana, tanto independentemente de nós quanto para o nosso benefício. Yahweh trabalha de forma independente de nós e de forma independente da Babilônia, e sua divindade se traduz em libertação para os exilados. Isso se alinha com a posição de Gerhard von Rad, que, a partir de um texto bíblico notável, nos desafia a permanecermos calados até decidirmos se confiamos ou não na promessa de renovação que ele oferece:

> Esqueçam o que se foi;
>   não vivam no passado.
> Vejam, estou fazendo uma coisa nova!
>   Ela já está surgindo! Vocês não a reconhecem? (Isaías 43:18,19).

Aqueles que não foram consolados mal podem acreditar que alguém diria algo assim, mas é evidente que eles jamais terão alegria pessoal, justiça pública, arrependimento coletivo ou humanidade em suas famílias até que a comunidade receba a novidade que ela não pode gerar por conta própria.

Um segundo texto majestoso, creio eu, diz respeito à fadiga que experimentamos, o cansaço daqueles que ainda não decidiram ou que se resignaram à Babilônia. O texto começa com o Senhor, que, na descrição do profeta:

> Não se cansa nem fica exausto;
>   sua sabedoria é insondável.
> Ele fortalece o cansado
>   e dá grande vigor ao que está sem forças (Isaías 40:28,29).

Em seguida, surge a promessa para todos nós, os exilados:

> Até os jovens se cansam e ficam exaustos,
> e os moços tropeçam e caem;
> mas aqueles que esperam no SENHOR removam as suas forças.
> Voam alto como águias;
> correm e não ficam exaustos,
> andam e não se cansam (Isaías 40:30,31).

O poeta traça um contraste entre quem espera e quem se apressa. Aos que tomam a iniciativa com as próprias mãos, seja no ateísmo do orgulho ou no ateísmo do desespero, as palavras são cansativas, fracas e exaustivas. Em contrapartida, o inverso acontece com o que espera: forças renovadas, voo, corrida e caminhada. Essa renovação vem da espera,[11] de uma postura de receber em vez de apreender, de herdar em vez de possuir, de louvar em vez de tomar à força. Essa espera significa um reconhecimento de que a iniciativa se afastou do nosso controle e que estamos mais seguros por causa disso. Obviamente, isso se traduz em mais do que uma crítica à Babilônia: também é uma crítica mais ampla sobre qualquer esforço humano de reorganizarmos a nós mesmos e um alerta para que não façamos do exílio o nosso lar.

A novidade de Deus é a única fonte séria de energia, e essa energia, pela qual as pessoas anseiam, é precisamente o que a consciência monárquica, seja de Salomão ou de Nabucodonosor, não pode dar. O profeta não deve subestimar seu chamado

---

[11] É claro que essa espera não é passividade. Veja as observações recentes de Dorothee Soelle, *Revolutionary patience*, trad. para o inglês Rita Kimber; Robert Kimber (Maryknoll: Orbis, 1977), e a declaração mais antiga, de Christoph Blumhardt: "a Espera e a Pressa! ["Warten und Eilen!"]. Sobre a dialética da ação e da espera em Blumhardt, ver os comentários de Karl Barth no posfácio de *Action in waiting*, de Christoph Blumhardt (Farmington: Plough, 1998).

urgente, pois a comunidade da fé não tem outra fonte de novidade. Eu reconheço que essa confiança na intervenção divina possa beirar a passividade, como a confiança muitas vezes nos leva a fazer. Ela também chega perto da "graça barata", uma aproximação sempre necessária para a graça verdadeira. Mas os riscos são necessários, uma vez que nós, os exilados, devemos sempre aprender que a nossa esperança não é autogerada, e sim uma dádiva. E sempre que ela nos é concedida, ficamos maravilhados.

Juntos, Jeremias e o Segundo Isaías, poetas do *páthos* e do maravilhamento, falam por meio de lamentos e doxologias. Um não pode ser separado do outro. Ler somente Jeremias fará a nossa fé repousar na morte, a qual Deus não deixará ter a última palavra; ler somente o Segundo Isaías nos levará a um consolo que não foi precedido por lágrimas e pelo rasgar das vestes. Sem dúvida, só quem se angustia cantará um cântico novo. Sem a angústia, a nova canção não passará de um som estridente e será mais uma falsificação elaborada pelo rei.

5

Crítica e *páthos* em Jesus de Nazaré

A consciência dominante deve ser criticada de forma decisiva, e a comunidade dominante deve ser, ao final, desmantelada. O propósito de uma comunidade alternativa com uma consciência alternativa é em prol dessa crítica e desse desmantelamento. Ao considerar a obra de Jeremias, argumentei que a cultura monárquica de seu tempo estava entorpecida e, portanto, incapaz de encarar qualquer final histórico drástico; a única maneira de perfurar essa consciência entorpecida de negação era por meio da apresentação pública da dor. Em seus poemas de luto, Jeremias tentou levar Israel ao senso de fim do mundo social que o aparelho real tentava perpetuar ao máximo. Se quisermos compreender a crítica profética, precisamos ver que a sua linguagem característica é a angústia, não a raiva, e o objetivo do lamento é permitir que a comunidade se envolva em sua própria angústia, a qual ela prefere negar. Essa observação sobre o modo de crítica profética sugere que os profetas estavam profundamente conscientes de como a mudança é efetuada e que eram notavelmente sensíveis às formas características da sinceridade e da resistência.

Neste capítulo, consideraremos como o ministério profético da crítica está relacionado com Jesus de Nazaré. É evidente que Jesus não pode ser entendido simplesmente como profeta, pois essa designação, como qualquer outra, é inadequada para a realidade histórica de Jesus. No entanto, entre as suas outras funções, fica claro que Jesus atuou como profeta. Tanto em seus ensinamentos como em sua própria presença, Jesus de Nazaré apresentou a crítica definitiva à consciência monárquica. Na verdade, ele desmantelou a cultura dominante e anulou suas reivindicações. A forma da sua crítica final é a sua solidariedade decisiva com os marginalizados e a vulnerabilidade que a acompanha, exigida por essa solidariedade. A única solidariedade que vale a pena afirmar é a solidariedade caracterizada pelo mesmo desamparo que os desprivilegiados conhecem e vivenciam. Nesse ponto, então, passo a revisar diversas dimensões dessa crítica definitiva.

O nascimento de Jesus

O próprio nascimento de Jesus representa uma crítica decisiva à consciência dominante. Tanto o relato de Lucas da solidariedade de Jesus para com os pobres, quanto a apresentação de Mateus de seu conflito abrasivo com os poderes constituídos (visto nas narrativas do nascimento) apontam para a emergência de uma consciência alternativa. Não é necessário tentar harmonizar as duas versões, pois elas se movem em direções diferentes e por razões diferentes, fazendo afirmações diferentes. No entanto, tomadas como um todo, as versões de Mateus e Lucas são perfeitamente complementares no desmantelamento por meio da crítica e na energização por meio da admiração e do maravilhamento.

Evangelho de Mateus

O desmantelamento na versão de Mateus é encontrado em Mateus 2:16-23. O episódio justapõe *a raiva destrutiva do pseudorrei*

(v. 16) e *a tristeza da tradição profética* (v. 17). A ira de Herodes é apresentada como o último suspiro da velha ordem e a tentativa desesperada de manutenção do antigo modo de vida.

Assim como no antigo Israel, é característico dos reis negarem o fim da velha ordem e, em sua cegueira, tomarem quaisquer medidas para perpetuarem o que, na verdade, já terminou. É por isso que Herodes se envolve no autoengano e na negação usando seus melhores talentos; mas eles já não são suficientes, pois o rei não pode impedir o fim. Em contraste com a negação do rei está o *páthos* de Raquel, visto em Jeremias. A fúria do rei termina em tristeza e lamentação. É o trabalho da tradição profética lamentar o fim, o próprio fim que o rei não pode enfrentar e não pode parar — e, certamente, não pode lamentar.

Na construção de Mateus 2, os vv. 16-17 sobre rei e profeta são preliminares, enquanto os vv. 18-23 carregam a ação. O contraste é total: o rei está morto e o anjo conduz a criança para o seu futuro. Herodes foi claramente superado; ele não é um rei de verdade. Jesus é o verdadeiro rei (2:11), e o verdadeiro rei representa uma negação decisiva daquele que não é rei. O luto de Raquel é um luto pelo fim que o rei parecia ter conseguido, mas que, ao fim, desfez o rei. Na verdade, o luto de Raquel diz respeito tanto à crítica definitiva no tocante à novidade prestes a emergir da crítica. Que Jesus é apresentado como a alternativa é sinalizado nos vv. 22,23.[1] Ele é um Nazareno, o que certamente significa alguém marginalizado e fiel. Jesus é geograficamente marginalizado (como um galileu de *Nazaré*; vv. 22,23a) e religiosamente

[1]Esse mesmo contraste e alternativa entre o rei poderoso e o novo pretendente é apresentado na forma atual de Jeremias 34 e 35. Em sua forma atual, as duas narrativas são justapostas intencionalmente. Em Jeremias 34, os calculistas detentores da terra (não muito diferentes de Herodes) jogam um jogo mortal com a terra e a liberdade, e, no final, são condenados à morte, pois o seu jogo calculista não pode ter sucesso. Em contrapartida, no cap. 35, os recabitas — os que nada reivindicam e que nada têm, exceto a determinação de obedecer — terminam com uma bênção. A identidade nazarena de Jesus e o estilo de vida dos recabitas sugerem um paralelo mais do que casual.

marginalizado (como um *nazireu*, isto é, alguém consagrado; veja Números 6:1-21), incorporando uma comovente contrarrealidade — sempre servindo de contraste à realidade dominante e, por fim, destruindo-a.

O Evangelho de Lucas

Paralelamente, o relato de Lucas quanto à revelação feita aos pastores, os representantes dos marginalizados, anuncia uma novidade que substituirá o antigo regime. Apropriadamente, os destinatários de novidades inesperadas ficam cheios de admiração e espanto (Lucas 2:17-20). A intrusão encarnada no nascimento de Jesus provoca uma drástica inversão:

> Dispersou os que são soberbos no mais íntimo do coração.
> Derrubou governantes dos seus tronos,
> mas exaltou os humildes.
> Encheu de coisas boas os famintos,
> mas despediu de mãos vazias os ricos (Lucas 1:51-53).[2]

O nascimento de Jesus traz um fim abrupto à realidade apresentada por Herodes, que parecia ordenada para sempre, e cria uma nova situação histórica aos desprivilegiados, uma situação que ninguém, em seu desespero, poderia ter antecipado. Enquanto a versão de Lucas celebra o surgimento da novidade, a versão de Mateus traz o luto ao centro da narrativa. Afinal, a novidade não vem sem angústia, dor e lágrimas. As lágrimas são derramadas pelo último ato de destruição do rei como tentativa

---

[2]Veja a declaração perspicaz sobre os resumos de Lucas por Paul S. Minear, *To heal and to reveal: the prophetic vocation according to Luke* (New York: Seabury, 1976), p. 63-77. O *Magnificat* é visto como um dos vários textos que apresentam Lucas como uma teologia da necessidade do impossível. Outros textos moldados de forma paralela, segundo Minear, são: 4:18,19; 6:20-22; 7:22; e 14:21.

de se salvar. Também são derramadas pelas vítimas dessa tentativa, visto que o rei não cairá sozinho, mas levará consigo quem puder, aqueles que lhe parecem uma ameaça. O começo em Jesus não surge sem um final doloroso, pois aquilo que está terminando nunca o faz de forma graciosa.

O anúncio do Reino

O raciocínio de Herodes estava correto: a vinda de Jesus significava o fim abrupto das coisas como eram. Dois textos são comumente citados como programáticos para a pregação de Jesus. Em Marcos 1:15, o Senhor anuncia a vinda do reino, mas o que há de implícito nesse anúncio? A ideia de que os reinos atuais acabarão ou serão deslocados. Em Lucas 4:18,19, Jesus proclama o início de um novo tempo, mas essa proclamação traz consigo uma dura crítica a todos os poderes e agentes da ordem atual.[3] Sua mensagem se direciona para os pobres, mas outros os mantinham pobres e se beneficiavam de sua pobreza. Jesus se dirige aos cativos (pessoas em regime de servidão), mas outros desejam que esse arranjo permaneça inalterado. O Senhor faz menção dos oprimidos, mas nunca há oprimidos sem opressores.

Seu ministério levou a cabo a ameaça implícita nesses dois anúncios fundamentais. Conforme fica evidente, o ministério de Jesus é uma crítica que leva a um desmantelamento drástico, e os guardiães e aproveitadores da estabilidade atual, como lhes é característico, são extremamente sensíveis a qualquer mudança que questione ou desafie o arranjo atual. Logo de cara, Jesus é corretamente percebido como um perigo claro e presente para a velha ordem, e este é o problema da novidade promissora do evangelho: o evangelho nunca promete sem fazer

---

[3]Sobre o tema da inversão representado neste texto tão característico de Lucas, veja Minear, *To heal*, p. 63-5. A esperança contida na passagem é um apelo ao espírito, "ao céu" — isto é, àquilo que a ordem atual não pode oferecer.

uma ameaça; nunca começa alguma coisa sem terminar com outra; nunca dá presentes sem também avaliar duramente os custos. A crítica radical de Jesus pode ser resumida em diversas ações representativas.

Perdão

A prontidão de Jesus em perdoar pecados (Marcos 2:1-11), um gesto que suscitava admiração (v. 12), também parecia ser uma blasfêmia, ou seja, uma ameaça às atuais sanções religiosas. Em certo nível, o perigo para alguns era que Jesus assumisse o papel de Deus (v. 7) e, portanto, reivindicasse demais; mas não devemos perder a crítica social radical contida no ato. Hannah Arendt percebeu que o perdão de pecados constituía a ação mais perigosa de Jesus, visto que, se uma sociedade não tiver um aparato para o perdão, seus membros estarão fadados a viver para sempre com as consequências de qualquer violação.[4] Portanto, a recusa em perdoar pecados (ou a habilidade de gerir o maquinário do perdão) equivale a um enorme controle social. Embora a afirmação de Jesus tenha sido surpreendente em termos religiosos, sua ameaça às formas de controle social aceitas era ainda mais surpreendente.

Sábados

A capacidade de cura de Jesus e sua prontidão para fazê-lo no sábado (Marcos 3:1-6) evocam uma conspiração para matá-lo (v. 6). A violação não se relaciona com a cura, mas com o sábado. Já em Marcos 2:23-28, Jesus levanta a questão e, obviamente, seu

[4]Hannah Arendt, *The human condition* (Chicago: Univ. of Chicago Press, 1958), p. 236-43 [edição em português: *A condição humana* (São Paulo: Forense Universitária, 2016)]: "O descobridor do papel do perdão no domínio dos assuntos humanos foi Jesus de Nazaré" (p. 238). "É sua insistência no 'poder de perdoar', ainda mais do que a realização de milagres, que choca as pessoas" (p. 239, n. 76).

entendimento sobre o sétimo dia é que o haviam transformado em uma forma de escravização. Como era de esperar, resistências contra as ações de Jesus surgem daqueles que administram o sábado e se beneficiam dele — demonstrando, então, como o sábado servia de símbolo sagrado de um acordo social, de modo que questionar esse dia perturbava todo o acordo. Pelas ações de Jesus, o dia utilizado para articular a ordem se transforma em ocasião para a liberdade, cuja premissa rejeita o acordo social.[5]

Comunhão à mesa

Jesus estava disposto a comer com os excluídos (Marcos 2:15-17), ameaçando a moralidade fundamental da sociedade. Os excluídos eram o produto de um acordo jurídico que determinava o que era aceitável e o que era inaceitável, o que era limpo e o que era impuro, o que era certo e o que era errado. Atravessar a barreira do certo e do errado sugeria que, na dispensação da misericórdia, os errados tinham tanto direito quanto os certos e, portanto, todas as distinções significativas eram obliteradas.

Cura e exorcismo

Outros aspectos que distinguem o ministério profético de Jesus são suas curas e exorcismos. Jesus tocou naqueles que sofriam

---

[5]Sobre o sábado como sinal da liberdade da era messiânica, veja Jürgen Moltmann, *The church in the power of the Spirit: a contribution of messianic ecclesiology*, trad. para o inglês M. Kohl (Minneapolis: Fortress Press, 1993), p. 261-78 [edição em português: *A igreja no poder do Espírito* (Santo Andre: Academia Cristã, 2012)]. Moltmann cita Fromm: "A morte é suspensa e a vida governa no sábado" (270). Sobre as radicais implicações sociais para a época, compare com Hans Walter Wolff, *Anthropology of the Old Testament*, trad. para o inglês M. Kohl (Philadelphia: Fortress Press, 1974), p. 135-42 [edição em português: *Antropologia do Antigo Testamento* (São Paulo: Hagnos, 2008)]. Veja também Abraham Joshua Heschel, *The sabbath: its meaning for modern man* (New York: Farrar, Straus and Young, 1951) [edição em português: *O Shabat: seu significado para o homem moderno* (São Paulo: Perspectiva, 2019)].

de doenças, perdas, tormentos e possessões demoníacas, abordando os aspectos pessoais e comunitários dessas experiências. Trata-se de um conjunto de ações drásticas, já que atravessam fronteiras e incluem em vez de excluir, alcançando de forma destemida indivíduos que, socialmente, eram considerados impuros (Marcos 7:24-30), pecadores (Marcos 2:1-12), e debaixo do juízo de Deus (João 9:1). Observe a importante conexão entre essas histórias e as narrativas dos profetas Elias e Eliseu (1Reis 17—2Reis 10). Tal como as histórias do evangelho, os relatos de Elias e Eliseu foram contados em um contexto de conflito político-religioso, de abuso do poder monárquico e da privação dos direitos dos camponeses. A importância política de Jesus expelindo os demônios do geraseno — chamados de "Legião" — não passaria despercebida, por exemplo, aos aldeões que viviam em terras controladas pelas tropas de Roma (Marcos 5:1-13).[6] Todas essas ações sinalizam o avanço do reino de Deus (Mateus 4:23; Lucas 7:18-23).

Mulheres

A associação pública de Jesus com mulheres que não fossem parentes foi uma escandalosa quebra de decoro e um desafio às fronteiras de gênero do primeiro século. Jesus deixou que uma mulher socialmente marginalizada o tocasse (Lucas 7:36-50); falou com a mulher samaritana junto ao poço (João 4:1-26); curou uma mulher com fluxo de sangue (Marcos 5:25-34). Além do mais, mulheres viajaram com ele pela Galileia e, em seguida, para Jerusalém (Marcos 15:40,41). A proclamação do reino de

[6]Paul W. Hollenbach, "Jesus, demoniacs, and public authorities: a socio-historical study," *JAAR* 49 (1981): 567-88; John J. Pilch, *Healing in the New Testament: insights from medical and mediterranean anthropology* (Minneapolis: Fortress Press, 2000); Norman K. Gottwald, "The plot structure of marvel or problem resolution stories in the Elijah-Elisha Narratives and some musings on sitz im leben", in: idem, *The Hebrew Bible in its social world and in ours* (Atlanta: Scholars, 1993), p. 119-30.

Deus por Jesus — acompanhada de curas, de comunhão à mesa e da formação de novas comunidades — tinha de ser inclusiva, e não um empreendimento apenas masculino.[7]

Impostos e dívidas

É comum que Jesus se refira a dívidas nos evangelhos. Os diaristas, por exemplo, provavelmente eram camponeses cujas terras tinham sido perdidas pela pesada carga tributária (Mateus 20:1-16). Uma das petições da oração do Pai Nosso menciona especificamente o perdão recíproco de dívidas (Mateus 6:12; Lucas 11:4), e é provável que a fala não seja metafórica. Também a enigmática afirmação sobre o pagamento de impostos (Marcos 12:13-17; Lucas 20:26) dá margem, no mínimo, à interpretação de que Jesus talvez resistisse à prática (Lucas 23:2). A razão pela qual ele falava abertamente sobre questões de economia política se atrelava ao peso dos impostos, dos dízimos, das taxas, dos aluguéis e dos confiscos sobre os camponeses da Galileia e da Judeia.[88]

Templo

Em Marcos 11:15-19 e João 2:18-22, o confronto de Jesus com o templo é particularmente significativo, pois trata diretamente sobre a sua destruição. Seu gesto ecoa, obviamente, os sentimentos dos adversários da Igreja e do Estado. Sua fala contra o

[7]Elisabeth Schüssler Fiorenza, *In memory of her: a feminist reconstruction of Christian origins* (New York: Crossroad, 1983; edição comemorativa de 10 anos, 1994); Kathleen Corley, *Private women, public meals: social conflict in the Synoptic tradition* (Peabody, Mass: Hendrickson, 1993); Ekkehard W. Stegemann; Wolfgang Stegemann, *The Jesus movement: a social history of its first century* (Minneapolis: Fortress Press, 1998), p. 378-88.

[8]Douglas E. Oakman, "Jesus and agrarian Palestine: the factor of debt", in: *SBL Seminar Papers* 1985 (Atlanta: Scholars, 1985), p. 57-73; K. C. Hanson; Douglas E. Oakman, *Palestine in the time of Jesus: social structures and social conflicts* (Minneapolis: Fortress Press, 1998), p. 119-20, 152-53.

santuário inclui uma referência à mensagem de Jeremias no templo (Jeremias 7:11), revivendo, assim, as duras críticas do passado e reproduzindo-as no primeiro século.[9] Ao desafiar o templo, Jesus atinge o centro da doutrina da eleição, um conceito da tradição de Sião e que remonta pelo menos até Isaías. Essa tradição sustentava a convicção de uma existência segura e contínua a este povo especial, reunido em torno de um santuário especial. Portanto, ao criticar o templo, Jesus dá sequência à tradição crítica de Jeremias contra a tradição monárquica refletida em Isaías.[10]

* * *

Todas essas ações de Jesus, juntamente com outras violações de convenções sociais, constituem uma crítica pesada à "justiça da lei". No tempo de Jesus, a lei se transformara em uma forma pela qual os gestores da sociedade, os religiosos mais do que civis, na prática controlassem não só a moralidade, mas também a valorização político-econômica que estava por trás da moralidade. Por isso, sua crítica à "lei" não deve ser descartada como um ataque ao "legalismo" em sentido moralista, como às vezes é feito em interpretações reducionistas dos escritos de Paulo. Em vez disso, a crítica de Jesus diz respeito aos valores sociais fundamentais de sua sociedade. Jesus observou, tal como Marx articularia mais

---

[9]K. C. Hanson, "Sin, purification, and group process", in: H. T. C. Sun et al., orgs., *Problems in biblical theology: essays in honor of Rolf Knierim* (Grand Rapids: Eerdmans, 1997), p. 167-91; esse artigo lida com Levítico 4 e 5; Jeremias 7, 8 e 26; Atos 2.

[10]Não pode haver dúvidas de que, em seu sermão no templo (Jeremias 7), Jeremias teve de combater uma elevada teologia de Jerusalém, em parte encorajada por Isaías. A crítica às reivindicações de Jerusalém inevitavelmente significou um conflito com a consciência monárquica. Sobre a dimensão real da tradição de Jerusalém, veja John H. Hayes, "The traditions of Zion's inviolability", *JBL* 82 (1963): 419-26; J. J. M. Roberts, "The davidic origin of the Zion tradition", *JBL* 92 (1973): 329-44; idem, "Zion in the theology of the Davidic-Solomonic empire", in: T. Ishida, org., *Studies in the period of David and Solomon and other essays* (Winona Lake,: Eisenbrauns, 1982), p. 93-108; Jon D. Levenson, "Zion Traditions", *ABD* 6:1098-102.

tarde, que a lei pode servir como uma convenção social para salvaguardar a distribuição existente dos poderes econômico e político.[11] Na tradição de Jeremias, Jesus proclamou corajosamente o fim de uma consciência que não cumpriu suas promessas e que, na verdade, contradisse a dignidade humana que afirmava conceder. É difícil discernir se Jesus instigou essa convulsão social ou apenas vocalizou o que já era iminente. No entanto, assim como outros profetas, Jesus costuma ser tratado como se o ato de dar voz fosse o mesmo que causar o desmantelamento. E, de fato, dentro dessa percepção, isso pode acontecer.

Nas narrativas da purificação do templo e do nascimento de Jesus descritas em Mateus, podemos notar de passagem que as referências são feitas à tradição de Jeremias. Ademais, no relato de Mateus sobre Jesus comendo com pecadores (Mateus 9:10-13) e suas ações no sábado (Mateus 12:5,6), o apelo é feito com base em Oseias 6:6. Certamente, é importante que o apelo seja feito precisamente aos mais radicais e angustiados profetas do desmantelamento.

Compaixão

Jesus, em sua solidariedade com os marginalizados, é *movido pela compaixão*, a qual constitui uma forma radical de crítica, pois anuncia que a dor deve ser levada a sério, não deve ser aceita como normal e natural, e constitui uma condição anormal e inaceitável para a humanidade. No arranjo da "legalidade" na época de Jesus, assim como no antigo império de faraó, a única qualidade de relacionamento não permitida era a compaixão. Impérios nunca são construídos ou mantidos com base na compaixão.

[11] Sobre o direito e a convenção social relacionados à fé bíblica, veja a crítica de José Porfirio Miranda, *Marx and the Bible: a critique of the philosophy of oppression*, trad. para o inglês J. Eagleson (Maryknoll: Orbis, 1974), esp. o cap. 4.

As normas da lei (controle social) nunca são acomodadas às pessoas, mas as pessoas são acomodadas às normas. Do contrário, as normas entrariam em colapso e, com elas, todo o sistema de poder. Assim, a compaixão de Jesus deve ser entendida não apenas como uma reação emocional e pessoal, mas como uma crítica pública, na qual ele ousa agir em nome de sua preocupação com todo o entorpecimento de seu contexto social. Impérios vivem do entorpecimento: em seu militarismo, impérios trabalham o entorpecimento relativo ao custo humano da guerra; economias corporativas contam que haverá uma cegueira em relação aos custos quanto à pobreza e à exploração; governos e sociedades dominadoras fazem de tudo para manter o entorpecimento intacto. Jesus perfura o entorpecimento com a sua compaixão, com a qual ele dá o primeiro passo, tornando visível a estranha anormalidade que se tornara normal. Portanto, a compaixão, que pode ser vista simplesmente como uma boa vontade generosa, é, na verdade, uma crítica ao sistema, às forças e às ideologias que produzem a dor. Jesus entra na dor e, em última análise, a encarna.

A palavra grega característica para compaixão, *splagchnoisomai*, significa deixar que as entranhas de alguém acolham o sentimento ou a situação do outro.[12] Desse modo, Jesus encarna a dor que os desprivilegiados conhecem, incorporando-a em sua própria pessoa e em sua própria história. A dor deles veio do fato de serem declarados fora do âmbito da normalidade, e Jesus se envolve com eles em uma situação de anormalidade. Em termos concretos, sua crítica, como corporificação da dor, é expressada em relação aos enfermos: "Quanto Jesus saiu do barco e viu tão

[12]José Porfirio Miranda argumenta de forma semelhante em relação à compaixão, embora com referência a um termo grego diferente; *Being and the Messiah: the message of St. John*, trad. para o inglês J. Eagleson (Maryknoll: Orbis, 1977), p. 148-53.

grande multidão, teve *compaixão* deles e curou os seus doentes" (Mateus 14:14). Quanto aos famintos:

> Quando Jesus saiu do barco e viu uma grande multidão, teve compaixão deles, porque eram como ovelhas sem pastor. Então começou a ensinar-lhes muitas coisas (Marcos 6:34).

> "Tenho compaixão desta multidão; já faz três dias que eles estão comigo e nada têm para comer" (Marcos 8:2).

Ela também é expressada aos que se entristeciam por causa dos mortos:

> Ao se aproximar da porta da cidade, estava saindo o enterro do filho único de uma viúva; e uma grande multidão da cidade estava com ela. Ao vê-la, o Senhor se compadeceu dela e disse: "Não chore" (Lucas 7:12,13).

De forma mais programática, sua compaixão se direcionou a toda as pessoas assediadas e indefesas:

> Jesus ia passando por todas as cidades e povoados, ensinando nas sinagogas, pregando as boas novas do Reino e curando todas as enfermidades e doenças. Ao ver as multidões, teve *compaixão* delas, porque estavam aflitas e desamparadas, como ovelhas sem pastor (Mateus 9:35,36, grifo do autor).

Mateus se utiliza do relato de Marcos no contexto da alimentação e fez uma declaração mais geral, posicionando-a como uma transição narrativa e inserindo as palavras "aflitas e desamparadas". Essas palavras são polêmicas, pois o povo não pode desamparar a si mesmo: alguém os desamparou. Além disso, falar de aflição ou assédio é sugerir que outras pessoas afligem e cometem assédio. A versão de Mateus, então, é muito mais direta e crítica, além de trazer consigo uma dura declaração de juízo: "A colheita é grande, mas os trabalhadores são poucos. Peçam, pois, ao Senhor da colheita que envie trabalhadores para a sua colheita" (Mateus 9:37,38). A imagem da colheita é claramente a imagem de um juízo desmantelador. A justaposição de "colheita" com "aflitas e desamparadas" faz um alerta ao atual ordenamento e aos seus administradores.

Mais uma vez, podemos notar o apelo à tradição profética mais drástica. A internalização da dor para os marginais é especialmente fiel à tradição de angústia em Oseias e Jeremias. Em Oseias, a internalização da mágoa é particularmente clara em 11:8,9: "O meu coração está enternecido, despertou-se toda a minha compaixão (*reḥem*)". A mesma internalização é evidente em Jeremias, conforme já demonstrei. Ambos, e agora também Jesus, incorporam e trazem à expressão toda mágoa, dor e pesar que a cultura monárquica dominante tenta reprimir, negar e encobrir.

É instrutivo que, nos ensinamentos de Jesus, sejam precisamente suas duas parábolas mais conhecidas que contenham a palavra compaixão. Na narrativa do bom samaritano, é o samaritano quem tem compaixão (Lucas 10:33);[13] na história do filho pródigo, é precisamente o pai que tem compaixão (Lucas 15:20). É evidente que o personagem-chave nessas duas parábolas incorpora a consciência alternativa, a partir da qual a consciência dominante é criticada. Tanto o samaritano como o pai são a articulação peculiar de Jesus contra a cultura dominante e, portanto, constituem uma ameaça radical. O samaritano, por sua ação, julga o caminho dominante, o qual desconsidera o marginal. Os que passam pelo homem ferido — obviamente portadores

---

[13]Tanto o valor quanto a deficiência da crítica estrutural ficam evidentes nas diversas discussões da parábola do bom samaritano na revista *Semeia* 2 (1974).

da tradição dominante — estão entorpecidos, indiferentes e não percebem. O samaritano expressa um novo caminho, substituindo os antigos acordos, nos quais os desprivilegiados são simplesmente excluídos. A substituição do entorpecimento pela compaixão — isto é, o fim da indiferença cínica e o início da dor percebida — sinaliza uma revolução social. De modo semelhante, o pai, ao aceitar prontamente seu filho inaceitável, condena a "justiça da lei" segundo a qual a sociedade estava então ordenada e pela qual os rejeitados sociais são menosprezados para sempre. Desse modo, as histórias, se vistas como críticas de desmantelamento drástico, reúnem *a internalização da dor* e *a transformação externa*. A capacidade de sentir a dor das pessoas marginais significa o fim de todos os arranjos sociais que anulavam a dor por causa de um nível profundo de entorpecimento.

Jesus é lembrado e apresentado pela igreja apostólica como a personificação fiel de uma consciência alternativa. Em sua compaixão, ele encarna a angústia daqueles que são rejeitados pela cultura dominante e, como angústia encarnada, tem autoridade para mostrar o fim mortal da cultura dominante. Fica claro que a única coisa que a cultura dominante não pode tolerar ou cooptar é a compaixão, a capacidade de ser solidário com as vítimas da ordem atual. A cultura dominante pode até tolerar a caridade e as boas intenções, mas não aceita a solidariedade com a dor ou o luto. Assim, estruturas de competência e competição permanecem indefesas diante daquele que gemeu os gemidos dos que estão sofrendo, gemidos estes que anunciam o fim do mundo social dominante. A consciência imperial vive de sua capacidade de acalmar os gemidos e de continuar agindo como se nada tivesse acontecido, como se ninguém estivesse ferido e como se não houvesse clamores. Se os gemidos se tornarem audíveis, se puderem ser ouvidos nas ruas, nos mercados e nos tribunais, então a consciência de dominação já terá sido comprometida. É por isso que os gemidos no Egito anunciaram uma inovação social

(Êxodo 2:23-25; 3:7). Da mesma forma, Jesus teve a capacidade de dar voz à própria dor que foi silenciada, de modo que a novidade pôde, então, surgir. A novidade vem precisamente da dor que foi expressa.[14] O sofrimento tornado audível e visível produz esperança, o luto articulado é a porta da novidade e a história de Jesus é a história de alguém que entra na dor e lhe dá voz.

A crítica radical de Jesus como aquele que corporifica a angústia se evidencia em dois outros lugares onde a sua tristeza é inconfundível; talvez ambos devam ser vistos em conjunto. Na narrativa da morte de Lázaro, Jesus é apresentado como o restaurador poderoso, capaz de trazer vida a partir da morte (João 11:1-57). Esse é o ponto principal da narrativa, no entanto, o ato central, narrado no v. 44, está envolto por outros dois. Primeiro, o poder de Jesus é evidenciado no contexto de sua dor:

> Ao ver chorando Maria e os judeus que a acompanhavam, Jesus agitou-se no espírito e perturbou-se. "Onde o colocaram?", perguntou ele. "Vem e vê, Senhor", responderam eles. Jesus chorou (João 11:33-35).

Jesus não é o Senhor majestoso e impassível, e sim aquele que tem a paixão em si e que conhece e partilha da angústia do irmão e da irmã. O fato de Jesus chorar e estar comovido e agitado nos serve de contraste notável com a cultura dominante. Esse não é o caminho do poder, nem entre aqueles que pretendem manter um controle social firme. Nessa cena, porém, Jesus não está empenhado em controle social, mas no desmantelamento do poder

---

[14]Esta afirmação está, naturalmente, no centro da fé profética e da teologia da libertação. Uma representação um tanto diferente da mesma realidade é expressa por Paul Elmem ao comentar o poeta Robert Lowell: "[...] o segredo conhecido por poetas e por rouxinóis; que a dor pode ser controlada quando ela encontra uma expressão perfeita" ("Death of an Elf king", *ChrCent* 94 [1977]: 10-57). Esse é o segredo completamente negado aos gestores que moldam o império.

da morte. E como ele desmantela esse poder? Submetendo-se à dor e ao sofrimento presentes na situação, exatamente a dor e o sofrimento que a sociedade dominante nega.

Podemos fazer uma digressão para comentar a outra história de um Lázaro completamente diferente contada em Lucas 16:19-31. Nessa história, Lázaro é apresentado em um forte contraste com o indivíduo rico, e essa comparação justapõe, entre outras coisas, o *entorpecimento* do rico e o *sofrimento* de Lázaro:

> Havia um homem rico que se vestia de púrpura e de linho fino e vivia no luxo todos os dias. Diante do seu portão fora deixado um mendigo chamado Lázaro, coberto de chagas; este ansiava comer o que caía da mesa do rico. Até os cães vinham lamber suas feridas (Lucas 16:19-21).

É evidente que o contraste opera em diversos níveis, contudo, entre outras coisas, a narrativa sugere que o homem rico, entorpecido por posses e por seu status social, não tem futuro; nada lhe está reservado senão o fim. Em contrapartida, o pobre Lázaro, livre de posses ou de status social, é assolado pela dor e pelo sofrimento. No entanto, diz Jesus, há futuro para ele. No contexto de nossa análise, o contraste é entre o *entorpecido*, aquele que só deseja mais do presente, e o *sofredor*, que recebe novidade do Pai.

Na história da ressurreição de Lázaro contada no Evangelho de João, notamos a profunda compaixão de Jesus, pela qual ele partilha da dor dos outros. Notamos também sua ação poderosa para trazer vida, uma ação que parece condicionada por sua capacidade de entrar no luto. O outro fator a ser observado é que a sua capacidade de inverter a situação evoca uma forte e imediata hostilidade por parte dos governantes da velha ordem:

> Então os chefes dos sacerdotes e os fariseus convocaram uma reunião do Sinédrio. "O que estamos fazendo?", perguntaram

> eles. "Aí está esse homem realizando muitos sinais miraculosos". [...] Mas os chefes dos sacerdotes e os fariseus tinham ordenado que, se alguém soubesse onde Jesus estava, o denunciasse, para que o pudessem prender (João 11:47,57).

Jesus dá sinais; promete alternativas; sugere novidade. Os líderes estão certos em perceber que a promessa que Jesus faz representa uma ameaça à velha ordem. Jesus introduz novidade à situação, mas essa novidade está enraizada na tristeza que ele sente. Não se trata de psicologizar, mas de perceber que a corporificação do luto e da angústia constitui o caminho para a novidade. A velha ordem, que não anseia por novidades, nega a dor para impedir a chegada do novo. Se o pesar da morte não for enfrentado, incorporado e expresso, a velha ordem continuará por mais algum tempo, ainda que esteja morta.

O outro choro decisivo, o qual devemos ligar a esse ato de paixão e poder, é o choro de Jesus por Jerusalém:

> Quando se aproximou e viu a cidade, Jesus chorou sobre ela e disse: "Se você compreendesse neste dia, sim, você também, o que traz a paz! Mas agora isso está oculto aos seus olhos" (Lucas 19:41,42).

Nessa passagem, o choro recai sobre Jerusalém, cidade amada por Deus. O choro de Jesus por Jerusalém, como o choro por Lázaro, é a participação em uma angústia de morte. A diferença é que todos sabiam que Lázaro estivera morto e que Jesus o ressuscitou para uma nova vida. O luto de Lázaro terminou, enquanto todos pensavam que Jerusalém estava viva; mas Jesus lamentou a morte da cidade. A dor pela cidade é irônica, visto que Jerusalém é a principal patrocinadora do entorpecimento e vive na negação da tristeza. Na verdade, os governantes de Jerusalém desejam evitar que o luto aconteça, uma vez que eles não podem, e nem querem, reconhecer o fim. A tristeza de Jesus, assim como a tristeza de Jeremias (observe que Lucas 19:43 lembra Jeremias 6:6), é que a cidade que era o centro da promessa se desfez e está falida; é por isso que as palavras de Jesus descrevem a destruição de Jerusalém. No texto paralelo de Mateus, a tristeza por Jerusalém é precedida por uma série de ais (Mateus 23:13-33); mas os ais têm o mesmo propósito, anunciando o luto pela morte.[15]

A compaixão de Jesus tem dois lados. De um lado, representa um ataque frontal à cultura dominante. Jesus lamenta a morte do velho mundo e da velha cidade, mesmo quando a maioria não tinha ciência de que ela estava morta. Suas críticas não são feitas com raiva, mas com *páthos*, pois ninguém amava mais a cidade do que ele. De outro lado, porém, Jesus sabia do conflito mortal entre a sua própria missão e a cultura dominante de Jerusalém, pois compreendera desde cedo que deveria morrer pelas mãos de Jerusalém.

A compaixão de Jesus não constitui apenas uma crítica ao que é mortal, já que, em sua crítica e solidariedade, ele evidencia o poder de transformar. Assim, ao tomar para si a morte que seu povo está morrendo, Jesus gera várias formas de renovação: Lázaro é ressuscitado, pessoas são curadas, multidões são alimentadas, indivíduos são cuidados, um filho é recebido de volta ao lar, e os atormentados e desamparados recebem boas notícias.

---

[15]Agora está claro que o "oráculo dos ais" usado pelos profetas e depois por Jesus deve ser entendido não como uma renúncia ríspida, mas como uma convocação para o lamento da morte. Compare com W. Eugene March, "Prophecy", in: J. H. Hayes, org., *Old Testament form criticism*, TUMSR 2 (San Antonio: Trinity Univ. Press, 1974), 164-65, e referências às obras de Richard J. Clifford, Erhard Gerstenberger, Günther Wanke e James G. Williams. Essa recaracterização desse formato de oráculo é indicativa de um discernimento novo sobre o que os profetas retratam. Tal formato indica que a tristeza é o contexto adequado para esse discurso e indica o grande mal-entendido dos profetas em muitos círculos nos quais o "ai" é entendido como uma expressão de ameaça e raiva. Para uma interpretação dos "ais" no que diz respeito à honra e à vergonha, consulte K. C. Hanson, "How honorable! How shameful! A cultural analysis of Matthew's makarisms and reproaches", *Semeia* 68 (1996): 81-111.

A crítica profunda de Jesus traz consigo a promessa e o potencial de um começo alternativo.

A crucificação de Jesus

A crucificação de Jesus é a crítica decisiva à consciência monárquica e não deve ser vista apenas como a morte de um homem nobre, interpretação tipicamente liberal, nem devemos associá-la apressadamente a uma teoria cúltica e sacerdotal de expiação ao evento. Em vez disso, a crucificação de Jesus pode ser vista como a forma definitiva de denúncia profética, na qual ele declara o fim de um mundo de morte (uma proclamação semelhante à de Jeremias) e absorve pessoalmente essa morte. Assim, a crítica definitiva é que Deus assume a morte que o seu povo deveria sofrer.[16] A crítica não é caracterizada pela oposição, mas pela solidariedade; a repreensão final não diz respeito à indignação vitoriosa, mas a uma profunda paixão e empatia que subvertem de maneira sutil, porém poderosa, um mundo obcecado por competência e competição. A diferença é gritante e completa: um homem *fervoroso* no meio de uma Jerusalém *entorpecida*; e só esse *fervor* e essa *paixão* podem finalmente perfurar o *entorpecimento*.

Anúncios da paixão

A crítica radical incorporada na crucificação pode ser discernida nos "anúncios da paixão" do Evangelho de Marcos:

> Então ele começou a ensinar-lhes que era necessário que o Filho do homem sofresse muitas coisas e fosse rejeitado pelos líderes

[16]A cruz é, portanto, o anúncio de que Deus abandonou toda teologia de triunfo e glória. Veja os argumentos de Douglas John Hall, *Lighten our darkness: toward an indigenous theology of the cross* (Philadelphia: Westminster, 1976).

> religiosos, pelos chefes dos sacerdotes e pelos mestres da lei, fosse morto e três dias depois ressuscitasse (8:31).
>
> O filho do homem está para ser entregue nas mãos dos homens. Eles o matarão, e três dias depois ele ressuscitará (9:31).
>
> Estamos subindo para Jerusalém e o Filho do homem será entregue aos chefes dos sacerdotes e aos mestres da lei. Eles o condenarão à morte e o entregarão aos gentios, que zombarão dele, cuspirão nele, o açoitarão e o matarão. Três dias depois ele ressuscitará (10:33,34).

Não há crítica mais drástica do que essas afirmações, pois elas anunciam que o poder de Deus assume a forma da morte e que o verdadeiro bem-estar e a vitória só surgem por meio da morte. Os dizeres de Jesus desmantelam as teorias dominantes de poder, afirmando que todo esse pretenso poder é, na verdade, impotente. Logo, os anúncios da paixão de Jesus constituem a rejeição decisiva de toda forma de poder egoísta sobre a qual se baseia a consciência monárquica. Apenas esta fórmula — o *Filho do homem* deve *sofrer*! — é mais do que o mundo pode tolerar, pois a frase do poder supremo, "Filho do homem", tem como predicado a paixão até a morte. É verdade que nenhuma contrapartida pode ser encontrada na história de Moisés, pois ele nunca fala ou age dessa maneira. Contudo, podemos fazer uma pausa para discernir continuidades importantes entre os dois. Moisés, assim como Jesus, também desmantelou o império e o declarou sem poder (lembre-se de Êxodo 8:18). Ele o fez ignorando as reivindicações da realidade imperial e confiando plenamente no Senhor da justiça e da liberdade. De forma paralela, o poder dominante é desmantelado por meio de um apelo a um Deus não credenciado.

Que as palavras da paixão de Jesus constituem a crítica final da consciência monárquica é evidente na reação dos fiéis. *Primeiro*, Pedro, em nome da igreja, rejeita a crítica por considerá-la extrema demais, porém é duramente repreendido (Marcos 8:32,33). *Depois*, os discípulos não entendem e têm medo de perguntar sobre o assunto (9:32). *Por fim*, a reação deles, indicando que não entenderam nada, é uma nova disputa sobre o seu próprio poder e sobre sua autoridade (10:35-37). A crítica de Jesus é radical demais, não só para os gestores imperiais, mas também para os seus próprios seguidores. Nenhum de nós está preparado para críticas tão decisivas.

Dizeres na cruz

As palavras de Jesus na cruz, tal como preservadas nas diversas tradições, são a voz de uma consciência alternativa. Seu pedido inicial de perdão aos inimigos é um ato de crítica (Lucas 23:34), pois afirma a insanidade da cultura dominante. Em nome daquele mundo que agora o sentenciou, Jesus *alega insanidade temporária*. Nesse ponto, uma referência deve ser feita à interpretação perspicaz de Paul Lehmann, que mostra que o julgamento de Jesus perante Pilatos colocou este, e não Jesus, em julgamento.[17] O grito de Jesus na cruz, então, pode ser considerado uma sentença (do Juiz) de que o réu (a velha ordem) não pode ser punido, uma vez que o réu é louco.

Em segundo lugar, seu grito de desespero é um *anúncio de abandono* (Marcos 15:34). Toda a rede de significados conhecida entrou em colapso, dando origem a uma nova e perigosa situação de fé.[18] Assim, Jesus experimenta o resultado da crítica: as antigas garantias e percepções de significado desapareceram.[19]

---

[17]Paul Lehmann, *The transformation of politics* (New York: Harper & Row, 1975), p. 48-70.

[18]Terence E. Fretheim, *The suffering of God: an Old Testament perspective*, OBT (Philadelphia: Fortress Press, 1984), p. 132-36.

[19]O argumento de Lifton (cap. 3) é pertinente aqui. Em última análise, o colapso não diz respeito a itens imperiais visíveis, mas com o colapso do sistema de símbolos. A alienação de um sistema simbólico que nos deixa desconectados é a dureza dessa crítica.

Em terceiro lugar, a crítica definitiva culmina em *submissão* (Lucas 23:46), a última coisa possível em um mundo de competência e controle. Portanto, naquele mesmo mundo de controle, Jesus apresenta uma nova forma de fidelidade, subvertendo completamente a forma dominante.

Por último, sua afirmação do paraíso é um discurso sobre a deslegitimação do mundo que o matou (Lucas 23:43). Jesus fala de *um sistema de valores muito diferente*. Agora, o homem que é chamado de criminoso é recebido no paraíso; o excluído é o bem-vindo. O novo modo de agir e de falar de Jesus anuncia que algo novo opera no mundo, e sua declaração do paraíso é a afirmação final de que o método antigo se tornou nulo e sem efeito.

Não se deve exagerar o significado isolado de cada um dos dizeres da cruz, pois cada um deles tem sua própria evolução complexa na história da tradição e da liturgia. No entanto, coletivamente eles desafiam por completo a autoridade dos indivíduos que parecem estar no poder. Essas declarações (uma alegação de insanidade, um grito de abandono, um gemido de submissão, uma proclamação de uma nova graciosidade) são a refutação do mundo que agora é levado a seu fim. O antigo regime pode ser descrito como caos disfarçado de controle; falsas promessas de prosperidade contínua; uma luta desesperada por domínio em lugar de submissão; um regime severo de retaliação. Portanto, cada um dos pronunciamentos de Jesus apresenta uma alternativa que questiona todos os métodos convencionais. A narrativa da paixão de Jesus estabelece as bases para a crítica profética, oferecendo um novo caminho para o arrependimento da quaresma.

Hino cristológico

Essa tradição teológica de vida em forma de morte e de poder em forma de sofrimento é mais do que a cultura dominante pode receber ou aceitar. Esse discernimento alternativo é evidente na teologia da cruz, tanto narrada por Marcos como articulada por Paulo. Embora muitos textos possam ser citados, menciono o antigo hino utilizado pelo apóstolo:

> Cristo Jesus,
> que, embora sendo Deus,
> não considerou que o ser igual a Deus
> era algo a que devia apegar-se;
> mas esvaziou-se a si mesmo,
> vindo a ser servo,
> tornando-se semelhante aos homens.
> E, sendo encontrado em forma humana,
> humilhou-se a si mesmo
> e foi obediente até a morte,
> e morte de cruz!
> Por isso Deus o exaltou à mais alta posição
> e lhe deu o nome
> que está acima de todo nome,
> para que ao nome de Jesus
> se dobre todo joelho,
> nos céus, na terra e debaixo da terra,
> e toda língua confesse
> que Jesus Cristo é o Senhor,
> para a glória de Deus Pai (Filipenses 2:5-11).[20]

Essa tradição de crítica radical diz respeito ao esvaziamento abnegado de Jesus, ao domínio obtido por meio da perda do domínio e à plenitude que só surge através do autoesvaziamento. O esvaziamento não deve ser relacionado com uma meditação de autonegação, pois é uma imagem totalmente política,

---

[20] Veja R. H. Fuller, *The foundations of New Testament Christology* (New York: Scribner, 1965), p. 207.

preocupada com a rendição voluntária do poder; é exatamente aquilo que os reis não podem fazer e ainda assim permanecer reis. Dessa maneira, toda a autocompreensão monárquica é refutada. Aquele que voluntariamente entregou o poder pela obediência é o mesmo homem que emerge como aquele que é verdadeiramente poderoso, capaz de originar a verdadeira humanidade de modo onde ninguém mais tem autoridade para fazê-lo.

A POLÍTICA DE JUSTIÇA E COMPAIXÃO

A crucificação, portanto, não é um acontecimento estranho na história da fé, embora seja o acontecimento decisivo. É, antes, a plena expressão do desmantelamento que tem sido praticado e insistido na tradição profética desde que Moisés confrontou o faraó. Tal como aconteceu com Moisés, o ministério e a morte de Jesus opuseram-se a política de opressão à política de justiça e compaixão. Tal como aconteceu com Moisés, o ministério e a morte de Jesus contradizem a religião em que Deus é cativo, retratando-o, antes, como o Deus livre, capaz de trazer vida onde bem desejar, mesmo em face da morte.

A cruz é a metáfora definitiva da crítica profética porque significa o fim da velha consciência, a qual traz a morte a todos. A crucificação articula a estranha liberdade de Deus, sua estranha justiça e seu poder peculiar. É essa *liberdade* (interprete-a como a "religião da liberdade de Deus"), *justiça* (interprete-a como "economia da partilha") e *poder* (interprete-o como "política de justiça") que quebra o poder da velha ordem e a leva à morte. Sem a cruz, a imaginação profética provavelmente será tão estridente e destrutiva quanto aquilo que ela critica. A cruz é a garantia de que a crítica profética eficaz não é feita por alguém de fora, mas sempre por alguém que deve aceitar a tristeza, entrar na morte e conhecer a dor daquele que é criticado.

A crítica profética visa criar uma consciência alternativa, com retórica e campo de percepção próprios. Essa consciência alternativa, a menos que a crítica seja superficial e externa, está atrelada à cruz. Douglas John Hall explorou como poderíamos pensar sobre o assunto, sugerindo que a crítica criativa deve ser eticamente pertinente e baseada em nossa própria aceitação da negatividade.[21] Esse tipo de crítica profética não oferece alternativas de forma leviana, não oferece garantias verbais e não proporciona uma política social redentora. Por saber que só aqueles que choram podem ser consolados, seu primeiro movimento é questionar sobre como podemos levantar um lamento sério e fiel por um mundo que está morrendo. Jesus compreendeu e incorporou a angústia que Jeremias sentiu de forma muito incisiva.

---

[21]Sobre a aceitação da negação, veja Douglas John Hall, *Lighten our darkness: toward an indigenous theology of the cross* (Philadelphia: Westminster, 1976), cap. 2 e passim. Veja também Walter Brueggemann, "A Shape for Old Testament Theology, II: The Embrace of Pain", CBQ 47 (1985): 395-415.

| 6 |

Energização e maravilhamento em Jesus de Nazaré

A formação de uma comunidade alternativa com uma consciência alternativa é para que a comunidade dominante possa ser criticada e, por fim, desmantelada. Porém, mais do que desmantelar, o objetivo da comunidade alternativa é permitir que haja um recomeço humano. A obra principal de Moisés foi criar um novo começo humano com a religião da liberdade de Deus e a política de justiça e compaixão.

Ao considerarmos a obra do Segundo Isaías, vimos, em primeiro lugar, que sua comunidade abandonada de exilados estava em desespero, pois não sabia — nem acreditava — que qualquer recomeço era possível; também vimos que a única maneira de superar o desespero era a apresentação pública de esperança. Assim como a comunidade pré-exílica estava encapsulada no entorpecimento, a comunidade exilada também se achava assolada pelo desespero. Da mesma forma que o profeta pré-exílico (Jeremias) perfurou o entorpecimento pela apresentação pública da dor, o profeta exílico (Segundo Isaías) perfurou o desespero pela apresentação pública da esperança. Da mesma maneira que Jeremias apresentou a tristeza como a crítica definitiva, o Segundo Isaías levou Israel à sensação de um novo começo histórico pela ação de Deus em sua liberdade soberana e graciosa. Se quisermos compreender a energização profética, devemos observar que sua linguagem característica é de esperança, não otimismo.[1] O objetivo da linguagem de esperança é permitir que a comunidade se envolva em um maravilhamento que não será impedido pelo desespero da comunidade para quem tudo colapsou.

Quando, na tradição profética, falamos da apresentação definitiva da energia, devemos nos voltar, em última instância, para Jesus de Nazaré. Vimos que, por suas ações e palavras, e especialmente por sua crucificação, Jesus se envolveu no desmantelamento da consciência monárquica, levando sua comunidade a enfrentar sua própria dor nesse desmantelamento. A contrapartida disso — e, na verdade, o foco da obra de Jesus — não foi o desmantelamento em si, mas a inauguração de algo novo, uma vez que sua imaginação e ação se opuseram às realidades tidas por certas, desafiando o ceticismo e a oposição daqueles para quem ele veio. A energização suprema de Jesus ofereceu um futuro àqueles que viam sua situação presente como a única realidade possível e final. Seu novo futuro, no qual ninguém acreditava, nasceu de maneira totalmente espantosa, pois foi corretamente percebido como algo inteiramente novo e imprevisível. Ou seja, algo além da compreensão (Filipenses 4:7) e do controle humanos.

É tarefa de todo aspirante a profeta apresentar essa novidade, uma novidade original e imprevista. Todo profeta deve afirmar

---

[1]Sobre a distinção entre esperança e processo ou otimismo, veja Douglas John Hall, *Lighten our darkness: toward an indigenous theology of the cross* (Philadelphia: Westminster, 1976), caps. 1 e 3; veja também Jürgen Moltmann, *Theology of hope: on the ground and the implications of a Christian eschatology*, trad. para o inglês J. W. Leitch (New York: Harper & Row, 1967), cap. 2.

que essa novidade só é possível pelo fato de Deus ser Deus, um ser que é fiel para gerar a novidade que prometeu. Portanto, o argumento central deste capítulo é que Jesus de Nazaré sintetiza e cumpre a tradição profética. Ele manifesta publicamente a novidade dada por Deus. Espanto e admiração são a única resposta devida a Jesus e ao seu trabalho, pois é espantoso que algo totalmente novo surja em nossa história. Foram o espanto e o maravilhamento causados por Jesus quem deram origem a um novo tipo de energização, ao único tipo de energia que oferece a novidade.

O nascimento de Jesus

O nascimento de Jesus é apresentado, especialmente por Lucas, como uma fonte decisiva de energia para uma nova realidade social. Naturalmente, a igreja apostólica teve dificuldades em saber como contar o início da história de Jesus. Seu começo deve ser perfeito, pois há algo novo no nascimento do Messias que dificilmente pode ser articulado, e a articulação proposta deve corresponder à novidade que está surgindo. O nascimento em si é apresentado pelo canto dos anjos em contraposição aos governantes da época. Governantes decretaram um censo e todas as formas de gestão que o acompanham, mas um censo nunca levou à energização ou à novidade.[2] A novidade de Deus, por sua vez, não

[2]O recenseamento representa em Israel a capacidade do aparelho real de arregimentar pessoas contra a liberdade e a justiça, e, portanto, evoca maldição (2Samuel 24). Talvez como uma correção intuitiva, o Cronista atribui a política a Satanás (1Crônicas 21). Há, de fato, algo de satânico nesse exercício de controle. Frank Moore Cross vincula o recenseamento a todo o desenvolvimento da ideologia monárquica (*Canaanite myth and Hebrew epic: essays on the history of the religion of Israel* [Cambridge: Harvard Univ. Press, 1973], p. 227-40). Não é difícil percebermos a razão pela qual o recenseamento passou a ser considerado satânico, daí o discernimento de Satanás como envolvendo dimensões socioeconômicas. Walter Brueggemann, "2 Samuel 21—24: an appendix of deconstruction?", *CBQ* 50 (1988): 383-97; idem, *First and Second Samuel*, Interpretation (Atlanta: John Knox, 1990), p. 350-7; K. C. Hanson, "When the king crosses the line: royal deviance and restitution in Levantine ideologies", *BTB* 26 (1996): 11-25.

será — nem poderá ser — contabilizada. A ação sombria de contabilização do censo será permeada pela canção não programada e inédita dos anjos, que cantam uma canção nova para um novo rei. Não há como começar a nova narrativa senão com um cântico novo na boca de anjos, autorizados pelo trono de Deus. A própria letra da música significa que a prosa fechada da realeza está sendo perfurada. O início de Jesus é com um *cântico* que entra em conflito com o *decreto*. Toda a velha história acontece por decreto, mas a nova história começa de outra maneira. O nascimento de um novo rei marca um novo começo, de um tipo totalmente diferente, tanto no céu quanto na terra. A versão de Lucas, então, se harmoniza com o que se vê no Segundo Isaías: uma fórmula de entronização e um cântico novo para um novo rei. O nascimento do novo rei, aquele que Roma não previu e Herodes não pôde impedir, dá início a outra história, que traz consigo o fim de todas as antigas histórias monárquicas. De modo apropriado, o nascimento desse novo rei marca um jubileu de dívidas antigas, uma anistia de crimes antigos e o começo de um novo movimento de liberdade (veja Lucas 4:18,19).

O novo início lírico é recebido pelos únicos capazes de recebê-lo: os pastores, representantes dos marginalizados da sociedade. Não há nenhum indício na história de que a letra da música tenha sido ouvida por qualquer dos gestores do censo. Eles simplesmente continuaram a contar, supondo que os números seguem uma sequência determinada e certa. O recomeço não aconteceu nas fileiras dos que cuidavam da operação da velha ordem, e sim entre aqueles que eram oprimidos por ela. O novo começo surpreendeu uma senhora idosa sem filhos (Isabel); uma jovem ingênua, mas fiel (Maria); um homem idoso acometido de mudez (Zacarias); e os rejeitados da sociedade (os pastores). Tratou-se, em especial para eles, de um momento de maravilhamento, já que precisamente são essas pessoas que conheciam as profundezas da tristeza. Portanto, o senso de maravilhamento foi experimentado entre os desprivilegiados, não entre aqueles que ainda não tinham se enlutado pela morte da velha ordem.

A novidade anunciada e observada não é uma novidade que se enquadra nas antigas categorias, pois são precisamente as antigas categorias que agora estão despedaçadas. Não há, então, uma categorização fácil do acontecimento, como os reis estão inclinados a fazer. O acontecimento não será contido pela racionalidade do rei, seja ela antiga ou contemporânea. Em vez disso, há aqui uma reflexão, uma admiração e um maravilhamento, visto que os próprios pastores são levados a uma doxologia (Lucas 2:20), Maria fica reflexiva (2:19) e os demais se veem maravilhados (2:18). O louvor, a reflexão e o maravilhamento são apropriados ao acontecimento, pois ele não era esperado e não poderia ser entendido por nenhum motivo convencional. Há críticas na história da atividade, pois, implicitamente, antigos governantes estão sendo desmantelados e não têm acesso ao novo futuro. Uma novidade começou, e é uma novidade para as vítimas. Todos os que gemeram sob os caminhos dos antigos reis estão convidados a participar.

O mesmo poder energizante do nascimento é evidente nos poemas e nas canções que cercam a narrativa lucana da natividade. Os cânticos falam sobre promessas sendo cumpridas justamente quando todas elas parecem ter falhado, e este é o caráter energizante do evangelho: promessas aparentemente fracassadas estão sendo cumpridas justamente quando pensávamos que tinham sido abandonadas. Assim, o cântico de Maria (o *Magnificat*, Lucas 1:46-55) trata da mudança impensável nos destinos humanos quando tudo parecia impossível: "Pois nada é impossível para Deus" (v. 37). O cântico de resposta de Zacarias (1:68-79) é um cântico de novas possibilidades chegadas de forma tardia, mas não tarde demais — possibilidades de libertação, perdão, misericórdia, luz e paz. A velha ordem não deixou nada além de escravidão, culpa, juízo, escuridão e hostilidade, e ninguém conseguia ver como essa realidade poderia mudar. O fenômeno da novidade não será explicado, mas apenas cantado, pois a canção perfura a lógica monárquica. A canção libera um poder que o rei não pode gerar ou impedir, e a transformação é inconfundível. Línguas há muito silenciadas pela desesperança podem cantar novamente.[3] A novidade trazida por Jesus não será explicada, pois explicar é forçá-la a encaixar nas antigas categorias da realeza. Ademais, a esperança energizante chega precisamente àqueles que não foram ensinados a explicar ou compreender. Ela vem àqueles que se contentam com o maravilhamento e que não conseguem nem explicar, nem compreender.

O ministério de Jesus

O ministério de Jesus é, obviamente, a energização que leva a drásticos começos precisamente quando nada parece possível. Tudo depende de seu ministério, de modo que a narrativa corre para ele. De fato, as narrativas do nascimento são contadas apenas por causa do impacto do ministério de Jesus. O nascimento é apenas uma esperança: é no ministério que as possibilidades de esperança precisam se envolver seriamente com o mundo do desespero. Jesus é apresentado — e crido — como a pessoa que realmente fez a diferença. Suas palavras e ações não foram isentas de abrasividade, mas os que se abriram e receberam, acolhendo a dádiva e deixando que sua realidade fosse redefinida, não repararam na aspereza. Na verdade, a abrasividade de Jesus não era direcionada a essas pessoas, mas à velha ordem, cuja morte tais pessoas já enfrentavam e afirmavam há muito tempo.

---

[3]Sobre a restauração da linguagem como o primeiro ato de esperança, veja Dorothee Soelle, *Suffering*, trad. para o inglês E. R. Kalin (Philadelphia: Fortress Press, 1975).

O que as pessoas notavam é que a vida havia mudado de maneira estranha e inexplicável. Todavia, a mudança não ocorreu pelos meios adequados, pois os *meios* utilizados por Jesus violavam tanto a ordem adequada quanto *os resultados* violavam a racionalidade. (Os meios, tal como os fins, são um escândalo.) A estranha novidade aconteceu de formas que não aguardaram pela sanção real, tampouco ocorreram em conformidade com a maneira de administrar as coisas.

Lucas está especialmente consciente de que os feitos de Jesus ocorreram entre as vítimas marginalizadas da sociedade. Marcos é mais sensível ao fato de que a dureza de coração pode impedir o trabalho de Jesus, demonstrando, de fato, que o poder de Jesus não atua onde não há fé (Marcos 6:5,6). Era possível resistir à nova energização. No entanto, inúmeras pessoas estavam dispostas a aceitá-la, e não tinham qualquer necessidade de resisti-la. O movimento como um todo é resumido com uma simplicidade impressionante:

> Os cegos veem, os aleijados andam, os leprosos são purificados, os surdos ouvem, os mortos são ressuscitados e as boas novas são pregadas aos pobres (Lucas 7:22).

E então temos a resposta às obras de Jesus. Obviamente, os que valorizavam os antigos caminhos o resistiam:

> Os chefes dos sacerdotes, os mestres da lei e os líderes do povo procuravam matá-lo (Lucas 19:47).

> Os fariseus saíram e começaram a conspirar com os herodianos contra Jesus, sobre como poderiam matá-lo (Marcos 3:6).

> E os mestres da lei que haviam descido de Jerusalém diziam: "Ele está com Belzebu! Pelo príncipe dos demônios é que ele expulsa demônios" (Marcos 3:22).

A conspiração formou-se rapidamente, pois alguns nem sequer desejavam uma nova energia. Mas e quanto aos demais? Aqueles a quem e para quem o evangelho foi escrito estavam cientes da surpreendente novidade:

> Todos ficaram tão admirados que perguntavam uns aos outros: "O que é isto? Um novo ensino — e com autoridade! Até aos espíritos imundos ele dá ordens, e eles lhe obedecem!" (Marcos 1:27).

> Eles estavam apavorados e perguntavam uns aos outros: "Quem é este que até o vento e o mar lhe obedecem?" (Marcos 4:41).

> Muitos dos que o ouviam ficavam admirados. "De onde lhe vêm estas coisas?", perguntavam eles. "Que sabedoria é esta que lhe foi dada? E estes milagres que ele faz?" (Marcos 6:2)

A reação principal das pessoas era de espanto, pois havia mais coisas acontecendo do que eles podiam entender ou explicar; é por isso que eles ficavam maravilhados:

> Todos ficaram atônitos e glorificavam a Deus, e, cheios de temor, diziam: "Hoje vimos coisas extraordinárias!" (Lucas 5:26)

> E todos ficaram atônitos ante a grandeza de Deus (Lucas 9:43).

> Ouvindo isso, os discípulos prostraram-se com o rosto em terra e ficaram aterrorizados (Mateus 17:6).

> Admirados com a sua resposta, ficaram em silêncio (Lucas 20:26).

E elas ficavam espantadas:

> Quando Jesus acabou de dizer estas coisas, as multidões estavam maravilhadas com o seu ensino, porque ele as ensinava como quem tem autoridade, e não como os mestres da lei (Mateus 7:28-29).

> Ouvindo isso, a multidão ficou admirada com o seu ensino (Mateus 22:33).

> Então subiu no barco para junto deles, e o vento se acalmou; e eles ficaram atônitos (Marcos 6:51).

> O povo ficava simplesmente maravilhado e dizia: "Ele faz tudo muito bem. Faz até o surdo ouvir e o mudo falar" (Marcos 7:37).

Trata-se de um resumo bastante curioso. Estamos acostumados com o seu trabalho entre os cegos, os coxos e os surdos, embora ele dificilmente se ajuste ao que esperamos do mundo. Em particular, não vivemos em um mundo onde os cegos voltam a ver, os coxos andam livremente ou os surdos ouvem. Tais coisas não fazem parte da nossa realidade, e as histórias de Jesus são tão antigas e familiares que o nosso senso de espanto fica embotado. Junto com essas questões convencionais (isto é, convencionais para Jesus), porém, adiciona-se a lepra. É na cura da lepra que Jesus contradiz as normas sociais relativas ao puro e ao impuro.[4] E, ao forçar a reavaliação do que é puro e impuro, Jesus questiona todas as distinções morais nas quais a sociedade estava baseada.

---

[4]John J. Pilch, "Selecting an appropriate model: leprosy — a test case", in: *Healing in the New Testament: insights from medical and mediterranean anthropology* (Minneapolis: Fortress Press, 2000), p. 39-54; Jerome H. Neyrey, "Clean/unclean, pure/polluted, and holy/profane: the idea and the system of purity", in: R. L. Rohrbaugh, org., *The social sciences and New Testament interpretation* (Peabody: Hendrickson, 1996), p. 80-104.

Com o questionamento das distinções morais, desaparecem todas as sanções para justificar as desigualdades políticas e econômicas. A lista é ainda mais surpreendente, pois com essas curas "convencionais" vem a impensável e definitiva energização do ser humano para fora da morte. Nem Lucas ou a igreja apostólica, nem algum de nós, entende o que isso significa. Não adianta raciocinar, argumentar, explicar ou calcular, pois estamos no reino do lírico. Somos chamados à doxologia, pois só a doxologia pode falar adequadamente sobre a novidade que surge em Jesus. Essa estranheza de vida diante da morte deveria ter sido a última palavra, mas o resumo se mantém firmemente presente na realidade cotidiana; afinal, o ato definitivo é a reabilitação econômica.[5] Os pobres têm suas dívidas canceladas e suas propriedades restauradas. O último ato messiânico é o fim do confisco do rei. Esse ato político supremo — e extremamente perigoso — é mais drástico do que a vida após a morte. Em todas as frentes imagináveis, Jesus restaura as vítimas da consciência monárquica. Se os fiscais da pureza e da impureza, os supervisores de dívidas e os oficiais da morte têm seus vereditos anulados, então é óbvio que já não estão no poder. Certamente, essa doxologia contém uma crítica, e isso é evidente em Lucas 7:23. As ações de Jesus são um escândalo, pois violam a propriedade, a razão e a boa ordem pública.

Mas a narrativa passa o mais rápido possível da crítica à energização. A história não quer ficar ao lado de quem não consegue enfrentar as notícias e não perde muito tempo lamentando o fim da velha ordem. A narrativa olha para o futuro, um futuro dado

[5]Ao comentar as bem-aventuranças, José Porfirio Miranda observa a dimensão socioeconômica da bênção: "Pergunto-me: onde há mais fé e esperança? Em se acreditar 'no Deus que ressuscita mortos' (Romanos 4:17) ou em se acreditar, como Lucas, no Deus que 'encheu de bens os famintos e despediu vazios os ricos' (Lucas 1:53)?" (*Marx and the Bible: a critique of the philosophy of oppression*, trad. para o inglês J. Eagleson [Maryknoll: Orbis, 1974], p. 217).

precisamente no contexto em que nada era imaginável, com uma energização enraizada na tradição de Moisés e do Segundo Isaías, embora ainda mais radical em sua concretude histórica:

> [Os chefes dos sacerdotes e os mestres da lei] o temiam, visto que toda a multidão estava maravilhada com o seu ensino (Marcos 11:18).

> Mas o fariseu, notando que Jesus não se lavara cerimonialmente antes da refeição, ficou surpreso (Lucas 11:38).

Essas palavras abrangem uma variedade de respostas que, para o nosso propósito, não precisam ser distinguidas, mas variam do espanto à surpresa, do terror e à indignação. Em geral, as curas de Jesus evocam um tipo celebrativo de maravilhamento, pois geram vida onde tudo parecia sem esperança. Ao mesmo tempo, seu ensinamento evoca um espanto que inclui um tom de negatividade, resistência e indignação, visto que Jesus luta com as convenções de seus contemporâneos. De um lado, surpreende que o futuro possa ser dado a pessoas que pareciam não ter futuro. Em contrapartida, há ressentimento por Jesus ter dito e feito o que fez. Em ambos os casos, seu ministério evocou uma paixão e uma energia que tinham desaparecido na antiga impotência. Tanto seus adeptos quanto seus inimigos pressentiam a mesma coisa: uma novidade não gerida estava surgindo, criando um futuro muito diferente daquele que a dominação do rei almejava permitir.

Os ensinamentos de Jesus

Evidentemente, os ensinamentos de Jesus não podem ser separados das ações de seu ministério, pois eles evocavam energia radical, tendo em vista que anunciavam como certo e garantido o que havia sido negado por uma conspiração cuidadosa. Talvez os ensinamentos de Jesus tenham sido até mais radicais do que suas ações, pois seus ensinamentos apresentaram as implicações do profundo desafio e da drástica transformação que suas ações sugeriam. Uma coisa era comer com os excluídos; outra, muito mais radical, era anunciar que as distinções entre os de dentro e os de fora passavam a ser nulas e sem efeito. Uma coisa era curar e perdoar, porém outra bem diferente era anunciar que as condições que haviam tornado alguém doente e culpado se tornavam, agora, irrelevantes. É claro que os ensinamentos não podem ser separados das ações, pois são estas que dão concretude e realidade aos ensinamentos. Os ensinamentos, assim como as ações, são devastadores, abertos e convidativos. Evocam futuros que foram fechados e indicam possibilidades que foram definidas como impossibilidades. Para a nossa reflexão, será adequado ressaltarmos as bem-aventuranças, pois elas constituem uma contrapartida apropriada para as desventuras das pessoas, especialmente na forma que Lucas as apresenta (Lucas 6:20-26).[6] Para nosso objetivo, a justaposição entre ais e bem-aventuranças é o ponto central, uma vez que os ais constituem a crítica mais forte, já que são anúncios e antecipações de morte. Os ais de Lucas são pronunciados contra os ricos (v. 24), os que estão saciados

[6]Sobre as reivindicações das Bem-Aventuranças, veja Jürgen Moltmann, *The church in the power of the Spirit: a contribution of messianic ecclesiology*, trad. para o inglês M. Kohl (Minneapolis: Fortress Press, 1993), p. 80-81 [edição em português: *A igreja no poder do Espírito* (Santo André: Academia Cristã, 2012)]. Moltmann conclui que o "povo das bem-aventuranças" deve ser convertida ao futuro. Sobre as bem-aventuranças em geral, veja: Michael Crosby, *The spirituality of the beatitudes: Matthew's challenge for first world Christians* (Maryknoll: Orbis, 1981); Hans Dieter Betz, "The Beatitudes of the Sermon on the Mount (Mat. 5:3-12): observations on their literary form and theological significance", in: idem, *Essays on the sermon on the mount*, trad. para o inglês L. L. Welborn (Philadelphia: Fortress Press, 1985), p. 17-36; idem, *The Sermon on the Mount*, Hermeneia (Minneapolis: Fortress Press, 1994); K. C. Hanson, "How honorable! How shameful! A cultural interpretation of Matthew's makarisms and reproaches", *Semeia* 68 (1996): 81-111.

(v. 25a), os que riem (v. 25b) e os que usufruem de aprovação social (v. 26) — o que significa dizer que a sentença de morte recai sobre aqueles que vivem nesta era de maneira plena e confortável, sem consciência ou abertura para o novo futuro que está por vir. Em um nítido contraste, as bem-aventuranças são discursos de nova energização, pois prometem o bem-estar futuro para os que hoje estão sem esperança. No mundo mortal da riqueza, da fartura e do riso acrítico, os que atualmente vivem na pobreza, na fome e na tristeza estão desesperados. De fato, eles são não pessoas, relegadas ao campo da não história. Os marginalizados não têm existência pública e, portanto, o bem-estar público nunca se estende a eles, mas as bem-aventuranças abrem portas para uma nova possibilidade. Assim, o discurso de Jesus, como o discurso de toda a tradição profética, passa dos ais às bênçãos, do juízo à esperança, da crítica à energização. A comunidade alternativa, formada a partir dos pobres, dos famintos e dos enlutados, é chamada a se libertar do padrão de vida miserável da velha ordem, a não se fascinar por ela e a aceitar o padrão da bênção.

A esperança que Jesus anuncia aqui é dura, pesada, e se apresenta em nítido contraste com a esperança barata e sem sacrifícios apregoada pela consciência monárquica. Para quem já possui, hoje, riquezas, fartura e riso, a esperança é algo fácil e frágil. Contudo, para aqueles que não têm riquezas, não usufruem de fartura e não têm qualquer motivo para rir, ela é difícil. A estranheza dessa energização profética é que ela é dirigida precisamente às não pessoas que foram relegadas ao campo da não história. O que é apresentado aqui não é uma contemplação ética ampla, e sim uma proposta tangível, dirigida a um grupo específico, endossando um caminho alternativo. No evangelho de Lucas, Jesus ensina “olhando para os seus discípulos” (Lucas 6:20), pois estes são os que se desligaram da velha ordem, a qual está sob juízo e desprovida de energia. Eles são identificados como indivíduos privados de riqueza, de fartura e de motivos para rir. São eles que conseguem romper com o ciclo destrutivo da vida que inevitavelmente leva à morte, tendo perdido o fascínio pela ordem estabelecida e capazes de aceitar que esses ensinamentos revolucionários anunciam possibilidades jamais proporcionadas pela consciência monárquica.

Essas três declarações de bem-aventurança, uma versão lucana concisa de uma lista mais longa encontrada em Mateus, claramente expressam a crítica e a energização. A crítica lançada contra a morte visa àqueles que possuem riquezas, pois riquezas refletem os sistemas opressivos do faraó e de Salomão, e sempre dizem respeito ao uso indevido de recursos de irmãos e irmãs. O caminho da exploração e do confisco leva à morte. Essa mensagem ecoa a condenação tradicional dos profetas, porém é acompanhada por uma visão impressionante do futuro. O futuro previsto por Deus favorece aqueles que não só se opuseram às táticas de exploração, mas também os que foram suas vítimas. Esse futuro não está destinado àqueles que experimentam fartura, mas àqueles a quem até o mínimo foi negado. O futuro pertence aos que experimentaram o sofrimento. Em contrapartida, ele é negado aos que estão cinicamente satisfeitos com o sistema atual, estando endurecidos e autoiludidos demais para lamentar a ruína iminente para a qual a comunidade monárquica se dirige.

O ensino de Jesus nessas palavras ásperas reflete duas questões centrais da tradição profética. Em primeiro lugar, a palavra é dirigida e recebida por uma comunidade minoritária, composta por pessoas desprivilegiadas. A palavra profética da crítica é dirigida à comunidade dominante, mas ela não será ouvida (Isaías 6:9,10). A palavra profética da energização nunca é dirigida à comunidade dominante, mas apenas àqueles a quem são negados o poder e pseudoenergia da consciência monárquica. Em segundo lugar, a palavra promissora e profética diz respeito a uma drástica inversão, uma ruptura com a antiga racionalidade, e a uma descontinuidade entre o que foi e o que será. Desse modo, o ensinamento sugere um contraste entre aquilo a que nos apegamos e um futuro pelo qual ansiamos. O ministério de Jesus, paralelamente ao do Segundo Isaías, ocorre no delicado equilíbrio entre o apego ao passado e a aspiração ao futuro, pois, houver apenas apego aos velhos caminhos, então a mensagem transmitida será puramente crítica. Entretanto, se houver um desejo por algo diferente, a mensagem terá o potencial de energizar. Os atos notáveis de Jesus — alimentar, curar, expulsar demônios e perdoar — não foram dirigidos às pessoas que se apegavam ao sistema estabelecido, e sim aos indivíduos que ansiavam por mudanças, uma vez que o antigo sistema os havia decepcionado ou excluído.

As bem-aventuranças são habilmente articuladas para acentuar contrastes. Os "ais" descrevem a consciência monárquica e, nesse contexto, prevalece a energia do medo. Em contraste, aqueles que romperam com essa consciência — pessoas cujas vidas estão organizadas em contraste com esses valores, cientes de que a comunidade monárquica não pode cumprir as promessas que faz —, são os que se abrem a outro futuro, o qual é um "sim" incondicional de Deus. A energia dessa palavra de bênção surge na realidade de que Deus tem futuros alternativos, que ele é livre para concedê-los e que os futuros não são derivados do presente ou determinados por ele. Por isso, o ensinamento de Jesus é fiel à obra de Moisés, que criou uma comunidade inédita e reflete a alegria do Segundo Isaías, o qual evocou uma comunidade não derivada da realidade babilônica. Também, tal como o Segundo Isaías, Jesus é capaz de articular um futuro que é distintamente diferente de um presente insuportável. Mas esse futuro só é energizante para aqueles para quem o presente se tornou insuportável. Para essas pessoas e para a comunidade alternativa, os ais de Jesus assumem a forma de promessas; o juízo assume a forma de energização; e a condenação assume a forma de esperança. Pessoas que creem nesse futuro dado por Deus são capazes de cantar e dançar, de curar e perdoar. Todas as ações que os entorpecidos não podem realizar são concedidas aos que acreditam nesse futuro.

Essas são pessoas que recebem a compaixão de Jesus a experimentam como um empoderamento. Até então, elas haviam vivido de modo impotente, pois sabiam que aqueles que reivindicavam o trono eram igualmente impotentes e incapazes de empoderar outras pessoas. Mas a solidariedade vulnerável de Jesus com os empobrecidos, os desolados e os enlutados foi vista como portadora de uma autenticidade e de um poder diferentes de tudo o que tinham experimentado antes. Eles reconheceram em Jesus uma dedicação altruísta e, portanto, profundamente em *nosso favor*. As palavras e obras de Jesus refletem o entendimento a respeito de Yahweh que o Israel recebeu de Moisés: ao contrário dos faraós e de seus deuses, a natureza interessada no outro de Yahweh dotou suas ações de poder transformador e credibilidade. A autoridade de Jesus e sua incrível capacidade de efetuar mudanças residiam precisamente em suas próprias experiências de pobreza, fome e luto pelo seu povo. Em sua pobreza, ele tinha poder de enriquecer a muitos (2Coríntios 8:9); em sua fome, tinha capacidade de saciar a outros; em sua capacidade de sofrer, tinha poder de trazer alegria e fartura às pessoas; em sua própria existência, que era uma não pessoa aos olhos dos pseudogovernantes, ele tinha a autoridade de criar futuros para aqueles aos quais ele representava.

A ressurreição de Jesus

Essa forma de discernir o poder soberano de sua graciosa compaixão leva diretamente à ressurreição de Jesus, que é a energização definitiva para o novo futuro. A dor da sexta-feira deixou apenas o desespero do sábado (Lucas 24:21); os discípulos não tinham motivos para esperar o domingo depois daquela fatídica sexta-feira. A ressurreição não pode ser explicada com base na realidade previamente existente; apenas pode ser recebida, afirmada e celebrada como a nova ação de Deus, capaz de criar novos futuros para as pessoas e deixá-las se maravilharem no meio do desespero.

Portanto, minha preocupação é mostrar que a fidelidade da ressurreição só pode ser entendida nos termos da surpreendente energização característica das promessas encontradas nos profetas. A ressurreição de Jesus não deve ser entendida de maneira liberal, ou seja, como um desenvolvimento espiritual dentro da igreja. Tampouco deve ser tratada tão rapidamente como uma estranheza na história de Deus ou um ato isolado do poder de Deus. Pelo contrário: a ressurreição é o ato final de energização profética, no qual uma nova história é iniciada. É uma nova história aberta a todos, recebida de maneira peculiar pelas vítimas marginalizadas da velha ordem. O Senhor da igreja totalmente energizado não é uma figura piedosa no céu, mas o Cordeiro morto que permaneceu fora do domínio da realeza e foi punido por isso.

Sem diminuir a singularidade histórica da ressurreição, podemos também afirmar que ela está em sintonia com as primeiras aparições de um futuro alternativo por meio da palavra profética. A ressurreição de Jesus tornou possível um futuro para os deserdados; da mesma forma, a comunidade alternativa de Moisés recebeu um novo futuro pelas mãos do Deus que trouxe liberdade aos escravos por sua palavra poderosa, desmantelando a velha ordem e criando um futuro de energização drástica e crítica radical. Semelhantemente, a ressurreição de Jesus possibilitou um futuro para os deserdados, em harmonia com a novidade anunciada pelo Segundo Isaías. Os "não povos" da "não história" da Babilônia receberam um regresso ao lar, tal como os pobres, famintos e enlutados na história de Jesus.

A ressurreição é um acontecimento genuinamente histórico, segundo o qual aquele que foi morto hoje reina. Todavia, esse acontecimento genuinamente histórico tem dimensões políticas importantes, como é reconhecido especialmente em Mateus. Se, de um lado, a ressurreição é vista como uma ameaça ao regime (Mateus 28:11-15), também é, de outro lado, o anúncio de uma nova autoridade monárquica. Agora, Jesus é o rei que substitui o rei, e sua ressurreição é o fim da "não história" ensinada na escola da realeza, bem como a história de um novo começo para aqueles que estavam fora da história. Essa nova história dá às pessoas uma nova identidade (Mateus 28:19) e uma nova ética (28:20), tendo começado à beira do mar, entre os escravizadores mortos (Êxodo 14:30).

7

Uma observação sobre a prática do ministério

Resumo

Primeiro, deixe-me resumir o argumento. Algo novo aconteceu na história com o Êxodo e o movimento de Moisés. Moisés pretendia não só desmantelar o império opressivo de faraó, mas também formar uma nova comunidade, centrada na religião da liberdade de Deus e na política de justiça e compaixão. O *desmantelamento* começa nos gemidos e nas reclamações de seu povo; a *energização* começa nas doxologias da nova comunidade.

Entretanto, o movimento de Moisés é drástico demais para Israel e, por isso, logo há uma tentativa de contrariar a nova história energizante. A velha história de faraó encontra continuidade na monarquia de Israel. A monarquia, com o seu interesse na autossegurança, é eficaz *em silenciar as críticas e negar a energização*; mas os reis nunca parecem capazes de silenciar os profetas por muito tempo. Os profetas de Israel continuam o movimento drástico de Moisés em face da realidade monárquica. De um lado, *Jeremias pratica a crítica radical* contra a consciência monárquica, evocando, em essência, um funeral e trazendo à expressão pública a dor do moribundo Israel. O profeta faz isso para perfurar a negação entorpecida da comunidade sob a monarquia, que fingia que as coisas durariam para sempre. Em contrapartida, *o Segundo Isaías promove uma energização radical* contra a consciência monárquica, anunciando uma entronização e trazendo à expressão pública o maravilhamento por um Israel renascido. Isaías faz isso para perfurar o desespero cansado da comunidade sob a monarquia, cujo pressuposto era de que as coisas estavam acabadas para sempre.

Segundo argumento, Jesus de Nazaré, um profeta — e mais do que um profeta —, praticou da forma mais radical os principais elementos do ministério e da imaginação profética. Por um lado, ele praticou a crítica ao mundo mortal ao seu redor, cujo desmantelamento pleno ocorreu em sua crucificação, na qual ele próprio encarnou aquilo que foi desmantelado. Por outro lado, Jesus também praticou a energização do novo futuro dado por Deus. Essa energização foi plenamente manifesta em sua ressurreição, na qual ele encarnou esse novo futuro divinamente oferecido.

Ministério

Esta breve nota trata da prática do ministério. Sem ela, toda a análise carece da concretude apropriada às discussões relacionadas ao ministério profético. Sem excluir ministérios peculiares em lugares especiais, presume-se que a prática do ministério é feita por aqueles que ocupam lugares convencionais da vida eclesiástica e outras formas de ministério derivadas desse modelo. Mantemo-nos firmes na crença de que o ministério profético é possível e necessário nesses ambientes, apesar dos inúmeros desafios que ali se apresentam. Em primeiro lugar, o ministério convencional é sobrecarregado pelas exigências incansáveis das tarefas diárias, que, embora possam ser diminuídas, não podem ser completamente ignoradas. Além disso, o ministério convencional normalmente opera em comunidades de classe média, muitas vezes obstinadas, nas quais não há abertura especial ou apoio ao ministério profético.

Outras coisas poderiam ser ditas a esse respeito, e tentei abordar algumas delas neste livro. Procurei enfatizar que o ministério profético não consiste em atos espetaculares de cruzada social ou em medidas abrasivas de indignação. Em vez disso, a essência do ministério profético reside em apresentar uma visão alternativa da realidade, levando pessoas a compreenderem sua história à luz da liberdade de Deus e do anseio que ele tem por justiça. Os conceitos da libertação de Deus e da sua busca pela justiça não precisam ser expressos primariamente nas grandes questões sociais atuais; eles podem ser reconhecidos onde quer que as pessoas se esforcem para viver juntas e onde quer que demonstrem uma preocupação por sua identidade e pelo futuro partilhados. Portanto, a partir de nosso exame, podemos identificar os seguintes aspectos do ministério profético:

1. A tarefa do ministério profético é evocar uma comunidade alternativa que saiba que o seu propósito e seus métodos são fundamentalmente diferentes da norma. Essa comunidade alternativa mantém uma série de interações com a comunidade dominante.
2. A prática do ministério profético não é algo especial, feita dois dias por semana. Pelo contrário: ela está em, com e sob todos os atos de ministério, tanto no aconselhamento como na pregação, tanto na liturgia como na educação. Trata-se de uma atitude e postura — ou de uma hermenêutica sobre o mundo da morte e a palavra da vida — que pode ser concebida em todos os contextos.
3. O objetivo do ministério profético é romper com a apatia que nos envolve para nos ajudar a encarar toda a morte que

nos envolve. Embora essa apatia muitas vezes desencadeie em nós ira e indignação, ela é abordada de forma mais eficaz por expressões de dor e lamento. Nossa condição, semelhante a um estado de morte, não exige tanto indignação, e sim profunda tristeza e empatia com o sofrimento. A partilha pública da dor é um meio de compreendermos verdadeiramente nossa situação e de iniciarmos o processo de abandono da morte.

4. O ministério profético procura perfurar o desespero para que possamos receber e acolher novos futuros. Há um anseio por energia em um mundo cansado: "A era perdeu a juventude e os tempos começam a envelhecer" (2Esdras 14:10). Sabemos que o único ato que energiza é uma palavra, um gesto, uma ação que acredita em nosso futuro e o afirma de maneira que demonstra interesse por nós.

Em uma sociedade fortemente focada na iniciativa pessoal, na autorrealização e em inúmeras atividades desse tipo, a capacidade de lamentar a morte do velho mundo está quase perdida. Em uma sociedade propensa ao autoelogio, a capacidade de reconhecer e celebrar com gratidão o surgimento de um novo mundo está quase desaparecendo. As práticas de luto e celebração são formas de crítica e energia proféticas, de modo que podemos adotá-las de modo proposital em nosso tempo.

Fé radical como dádiva

Ao refletir sobre o ministério, especialmente sobre o meu, no fundo eu percebo que as principais limitações não decorrem da minha compreensão ou da receptividade dos outros. Os verdadeiros obstáculos residem nas minhas próprias incertezas sobre essa nova percepção. Percebo que sou tão conformista e obstinado quanto aqueles que pretendo servir. Assim como tantos outros, eu também me questiono se o caminho da realeza ou se a comunidade monárquica não oferecem, de fato, as melhores recompensas. Também eu, como muitos outros, questiono se uma comunidade alternativa que aceita os pobres, os famintos e os enlutados representa genuinamente o futuro pretendido por Deus. Essa postura reflete o ditado: "como é o povo, assim é o sacerdote" (Oseias 4:9, ARA). A situação é comum entre os que estão no ministério e não há solução livre de agonia. Isso ressalta que o nosso ministério não está isento dos nossos próprios conflitos internos. Nenhum profeta, nem mesmo Jesus (conforme vemos em Marcos 14:36), jamais transmitiu uma mensagem sem conflito, o que traz um senso de realismo às bem-aventuranças (Lucas 6:22,23). Reforça também que essa fé radical não é algo que alcançamos por nós mesmos, e sim um dom pelo qual devemos esperar com paciência e receptividade, permanecendo vigilantes e em oração.

Talvez nossa situação possa validar as ideias abordadas neste livro. É possível que a nossa jornada tenha altos e baixos, em grande parte pela nossa limitada capacidade de lamentar perdas pessoais e de nos maravilharmos com novos futuros. Não somos mais hábeis nisso do que os demais filhos da comunidade monárquica, de maneira que também devemos participar das mesmas práticas dolorosas para nos tornarmos quem somos chamados a ser. Percebi que não há resumo mais sucinto do ministério profético do que a declaração de Jesus: "Bem-aventurados vocês, que agora choram, pois haverão de rir" (Lucas 6:21). Ou, em uma versão mais conhecida: "Bem-aventurados os que choram, pois serão consolados" (Mateus 5:4).

A preocupação de Jesus é, enfim, com a alegria do reino. Foi isso o que ele prometeu, e para isso convidou as pessoas. Mas Cristo deixa claro que regozijar-se no futuro exige um luto pela presente ordem.[1] Jesus adota uma perspectiva bastante dialética

[1]No que se refere à personalidade individual, este é o argumento de George Benson, *Then joy breaks through* (New York: Seabury, 1972). O autor começa assim o seu último capítulo: "A transformação de todos os tempos e o protótipo cristão

sobre a existência de duas épocas. Enquanto rejeita a perspectiva liberal de "um só mundo", que percebe o mundo presente como o único, ele também se distancia daqueles que, excessivamente ansiosos pelo futuro, estão desconectados do mundo e despreocupados com o presente. Há trabalho a ser feito aqui e agora. Para que o futuro venha, há luto a ser trabalhado no presente. Há lamento a ser oferecido por aqueles que não têm consciência de sua situação de morte. Há lamento a ser oferecido juntamente com aqueles que estão familiarizados com o sofrimento, mas não têm os meios ou a liberdade para expressar sua dor. Trata-se de um princípio rigoroso, pois postula a dor como um pré-requisito para a alegria, anunciando que os que não se importaram o suficiente para sofrer também não experimentarão o regozijo.

O papel do luto vai além: não corresponde apenas a um pré-requisito formal e externo, mas representa a única porta e única rota para a alegria. Sob essa ótica, as palavras de Jesus sobre chorar e rir são mais do que um aforismo elegante: elas resumem toda a teologia da cruz. Somente por um desapego tão profundo e sincero é que pode haver um anseio frutífero, e apenas a aceitação pública da morte permite o surgimento da novidade. Chegamos perto de entender esse fenômeno em nossa vida pessoal, pois estamos um pouco familiarizados com os processos de luto.[2] Mas ainda temos de aprender a aplicar esse entendimento às realidades sociais. Por fim, ainda devemos aprender a reconhecer esse luto em Deus, que sofre de formas além da nossa compreensão e que espera pelo cumprimento de suas promessas para se regozijar plenamente.

---

da alegria é a ressurreição de Cristo" (123). O seu livro como um todo trata do significado da cruz no caminho para encontrar a vida.

[2]De uma forma que é extremamente útil e um pouco dedutiva, fui muito auxiliado pela pesquisa de Elizabeth Kübler-Ross, *On death and dying* (New York: Macmillan, 1969). Veja minha abordagem sobre o seu paradigma em relação à fé de Israel em "The formfulness of grief", *Interp* 31 (1977): 263-75. Veja também idem, "Psalms of disorientation", in: *The message of the Psalms: a theological commentary* (Minneapolis: Fortress Press, 1984), p. 50-121.

Posfácio: sobre a prática

No final das contas, a "imaginação profética" não é simplesmente uma "boa ideia", e sim uma prática concreta, empreendida por verdadeiros cristãos que partilham a convicção de uma dor e esperança que fujam às restrições da cultura dominante. Espero que a minha exposição da imaginação profética esteja intimamente atrelada à prática concreta e que possa, por vezes, evocar, gerar e autorizar essa prática de fato.

Assim, ao final de minha exposição, tomo a liberdade de identificar algumas práticas concretas de imaginação profética, as quais estão em curso em comunidades de luto e esperança, envolvendo-se em resistências e alternativas. Obviamente, não sugiro, de forma alguma, que a lista tenha sido gerada pela minha exposição, mas apenas que os exemplos que cito são típicos e representativos do que é possível para a igreja em sua concretização da imaginação profética. Sem dúvida, a lista que apresento é basicamente secundária e subjetiva, condizendo com as práticas que eu conheço; o leitor certamente estará familiarizado com outras práticas, de modo que o convido a fazer seus acréscimos à lista. A seguir, então, ressalto as seguintes comunidades:

Em Atlanta, próximo à minha própria experiência:

Plymouth Harbor. A *Plymouth Harbor* é um centro de saúde administrado pela Central Congregational Church, minha igreja local. Liderada pela incansável e persistente Pam Rapp, o centro cuida diariamente de pessoas que sofrem de demência, de Alzheimer e de outras formas de disfunção associadas com a idade. O cuidado é necessariamente pessoal, demanda muito trabalho e é extraordinariamente exigente, tanto para a equipe quanto para uma série de voluntários.

Family Counseling Services Urban Ministries. Uma rede de ministérios urbanos, presidida pelo ágil e experiente Bob Lupton, cujo objetivo é a reabilitação e restauração de comunidades economicamente desfavorecidas e, por isso, ameaçadas pelo crime. A FCS opera de maneira empreendedora e explora de forma eficaz os recursos do capitalismo corporativo na concretização de seus sonhos.

Open Door. Uma organização eclesiástica comunitária que fornece comida e abrigo, intimamente ligada à igreja presbiteriana. Guiados pelo vociferante Ed Loring e pelo resoluto Murphy Davis, juntamente com seus autodenominados "band-aids", o grupo mantém uma voz estridente e firme de dissidência, para que os pobres permaneçam visíveis na cidade.

Além de Atlanta, as seguintes pessoas e organizações chamaram a minha atenção:

Jimmy Carter, após seu período como presidente, trabalhou em grande escala internacional na reconciliação política. Ao mesmo tempo, o ex-presidente continua ativamente envolvido em trabalhos práticos, exemplificados por sua participação em projetos locais com a Habitat for Humanity.

A *Industrial Areas Foundation* (IAF) é uma iniciativa de organização comunitária, inspirada no zelo e nas estratégias de Saul Alinsky. Minha interação tem sido principalmente com Ernesto Cortez, que trabalha em Austin, Texas, no escritório regional sudoeste. Esse movimento extraordinário mobiliza as comunidades para um bem-estar coletivo e é composto por funcionários dedicados e voluntários entusiasmados.

Eles têm o apoio de várias instituições e congregações para enfrentar desafios urbanos significativos relacionados com justiça social, particularmente no contexto do temerário aumento da privatização dos espaços.

A *Watts Street Baptist Church* (Durham, Carolina do Norte), na qual T. Melvin Williams Jr. serve como pastor, tem o hábito de iniciar seus cultos de adoração não com o louvor convencional, mas com salmos de lamento, com o "processamento público da dor". Além disso, a congregação faz parte de uma coalizão religiosa de Durham que "realiza regularmente vigílias de oração em cada local onde ocorreu uma morte violenta" na cidade. O ritual marca, de forma litúrgica, a perda, criando, assim, um lugar de protesto e tristeza em resposta à violência que destrói a vida.

O *Church Health Center*, patrocinado por uma coligação eclesial com centenas de congregações em Memphis, estabeleceu um sistema de cuidados de saúde extenso e de primeira classe para os pobres em uma cidade onde a pobreza assola muitas pessoas. Juntamente com o profundo e crucial apoio e participação da igreja, o centro mobiliza o apoio ativo de centenas de dentistas e médicos, além dos recursos de um grande hospital, que disponibilizou parte de seu espaço para o grupo. A força motriz desse imenso projeto é Scott Morris. Morris combina experiência médica e sensibilidade teológica, capacidade de eficácia organizacional, e abundantes habilidades interpessoais. Um grande grupo profético se uniu em torno de sua paixão e visão, decidindo conectar a capacidade restauradora de Deus aos pobres que estavam privados da prestação normal de cuidados de saúde.

Por fim, nessa lista um tanto pessoal e subjetiva, à qual deveriam ser acrescentados muitos outros itens, nomes e esforços, quero relatar um acontecimento muito fortuito. No mesmo dia em que escrevia este parágrafo (26 de setembro de 2000), aconteceu que Andrew McAuley Smith, pastor da Igreja Presbiteriana de Westminster, em Charlotte, compartilhou comigo uma cópia de sua tese de doutorado, defendida no Seminário de Princeton. Ele foi generoso em me dar uma cópia que, naturalmente, chamou minha atenção por seu título: *Prophets in the pews: testing Walter Brueggeman's thesis in The Prophetic Imagination in the practice of ministry* [Profetas nos bancos da igreja: testando a tese de Walter Brueggeman na obra "A imaginação profética" na prática ministerial].[1] Smith leu o meu livro e compreendeu que o teste de seu argumento seria a prática real e concreta dos fiéis na vida do mundo. Em seu estudo, ele deu especial atenção à crise social evocada pelo racismo. Após um resumo atento do meu argumento, Smith organizou sua resposta de duas maneiras.

Em primeiro lugar, ele oferece uma definição prática de racismo branco, considerando a percepção do racismo oferecida por três figuras proféticas imponentes:

1. Bartolomeu de Las Casas (1474-1566), um frade espanhol que veio para o "novo mundo" com os primeiros colonialistas após Cristóvão Colombo, em meio ao genocídio espanhol contra a população nativa do Haiti e de Cuba. Ele veio em missão evangelizadora da igreja, mas, por conta própria, acabou se tornando uma voz vigorosa e atuante na defesa dos "índios" contra a ganância europeia.
2. Dietrich Bonhoeffer (1906-1945), um renomado teólogo alemão, que assumiu desde cedo uma postura corajosa contra a "cláusula ariana" do nacional-socialismo alemão. Bonhoeffer foi fundamental na mobilização da Igreja Confessional da

[1] Andrew McAuley Smith, "Prophets in the pews: testing Walter Brueggemann's thesis in The Prophetic Imagination in the practice of ministry" (tese de doutorado, Seminário de Princeton, 1999).

Alemanha, levando-a a reconhecer o que estava em jogo no racismo nacional-socialista contra os judeus. Por sua ousada oposição, Bonhoeffer arriscou e acabou por sacrificar a sua vida.
3. Martin Luther King Jr. (1929-1969), mais conhecido entre nós como um profeta da justiça racial, cuja vida foi entregue — e tirada — em nome dessa causa.[2]

Em segundo lugar, com base nesses dados, Smith articulou seu projeto de investigação, examinando o ministério de extensão da Igreja Presbiteriana de Westminster, em Charlotte, no que diz respeito a questões raciais. Smith avaliou duas hipóteses contrárias, procurando testá-las por meio de sua pesquisa:

1. Os ministérios leigos de alcance que atravessam barreiras raciais e socioeconômicas em Charlotte, Carolina do Norte, servem como vozes proféticas no confronto com o racismo branco na igreja do Sul.
2. Os ministérios leigos de alcance que atravessam barreiras raciais e socioeconômicas em Charlotte, Carolina do Norte, simplesmente levam os voluntários a se "sentirem bem" com sua participação em atos de caridade. Portanto, tais ministérios não estão lidando com questões mais profundas no confronto com o racismo branco na igreja do Sul.[3]

A conclusão de Smith confirma sua primeira hipótese. Sua reflexão adicional sobre a dimensão profética do ministério é a seguinte: O testemunho profético da igreja não deve ser identificado em algumas *funções específicas* do ministério e não em outras. O testemunho profético é uma mentalidade. Trata-se de uma consciência contracultural sobre como a comunidade de fé

---

[2]Ibidem, p. 49-86.
[3]Ibidem, p. 92.

vê todas as coisas. Portanto, perguntar se um grupo específico de ministérios são "vozes proféticas" pode sugerir que outros ministérios dentro do mesmo ambiente eclesial não são. O próprio ato de levantar dúvidas a respeito da natureza profética de um grupo específico de ministérios dentro de uma congregação local corre o risco de interpretar mal a natureza do testemunho profético. Esse projeto serviu para me lembrar de que *todas* as funções da igreja podem — e devem — ser vozes proféticas, servindo para criticar a cultura dominante que nos rodeia e, ao mesmo tempo, energizar os fiéis. O cuidado pastoral pode ser um ministério profético; a pregação pode ser um ministério profético; as aulas da escola dominical podem ser um ministério profético (até mesmo reuniões administrativas podem ser um ministério profético!).

Assim, a questão essencial para a igreja é se a sua voz profética foi ou não cooptada pela cultura do momento. A comunidade do povo de Deus que se esforça para permanecer fiel a todo o conselho da Palavra *será* uma voz profética que clama no deserto da cultura dominante dos nossos dias.[44]

Além da investigação específica que diz respeito a Smith, seu estudo sugere uma maneira frutífera pela qual os temas expostos no meu livro podem interagir com a prática eclesial.

Embora o ambiente de consumismo tecnológico nos Estados Unidos não seja um *habitat* acolhedor para o ministério profético, os vários exemplos de ministério profético que citei são motivos para nos animarmos. Obviamente, cada leitor pode acrescentar a essa lista esforços locais de oferecer resistência e apresentar alternativas. A interação entre *textos proféticos ouvidos com imaginação* e *a prática concreta* é uma dinâmica definidora para a igreja, tornando-se mais crucial, mais difícil — e talvez mais alegre — no futuro.

Em retrospecto (quarenta anos de *AIP*)

Walter Brueggemann

Quarenta anos é muito tempo para um livro! Fico satisfeito em perceber que muitos leitores continuam a julgar que o livro tem valor interpretativo contemporâneo.

Ao relembrar os quarenta anos desde que escrevi pela primeira vez *A imaginação profética*, a única mudança específica que posso fazer na minha articulação de um paradigma profético é esta: usei a expressão "consciência monárquica" para me referir ao contexto socioideológico em que atuaram os antigos profetas de Israel. Gostaria agora de alterar a "consciência monárquica" para "totalismo", tornando, assim, a referência mais facilmente transferível para outros contextos, como o que temos atualmente em nosso capitalismo. Aprendi o termo "totalismo" com Robert Lifton, que, em seu estudo sobre a variedade de regimes ideológicos, identificou que as práticas características e recorrentes desses regimes servem para "totalizar" as reivindicações do regime.[1] Por trás de Lifton, podemos também fazer referência à "totalidade" de Emmanuel Levinas.[2] O termo "totalismo" se refere a um arranjo socioideológico segundo o qual a ideologia

[1]Robert Jay Lifton, *Witness to an extreme century: a memoir* (New York: Free Press, 2011). Nas páginas 67-68 e 381, Lifton descreve os recorrentes "pecados capitais" do totalismo.

[2]Emmanuel Levinas, *Totality and infinity: an essay on exteriority* (Pittsburgh: Duquesne University Press, 1969) [edição em português: *Totalidade e infinito* (Coimbra: Edições 70, 2008)].

hegemônica ocupa todo o espaço social, não permitindo nenhuma possibilidade alternativa. Sua reivindicação é "total"!

Está na moda entre muitos dos chamados "progressistas religiosos" referir-se a qualquer defesa da justiça social como "profética". Não há nada de questionável nesse uso. Vale a pena notar, contudo, que, no antigo Israel, "profético" não se refere precisamente a questões de justiça social. Antes, o profético no antigo Israel é uma "atuação de Deus", na qual YHWH, o Senhor da aliança, é expresso como um personagem real e um agente vivo (afirmação que certamente é um embaraço para muitos progressistas religiosos), apoiado por antigas narrativas, canções e poemas. Pelo fato de a expressão profética ser uma "atuação de Deus" é que os oráculos proféticos são regularmente marcados pela frase "assim diz o Senhor", ou "veio a mim a palavra do Senhor". Ou seja: nessas declarações e ações, o profético hospeda um mundo em que o arbítrio, a vontade e o propósito de Deus são eficazes e devem ser levados com a maior seriedade — e isso, aliás, no contexto de um regime que firmemente rejeitou essas reivindicações e, em vez disso, confiou em um deus tépido, cuja função era a de mero patrono do regime.

Essa insistência profética enfatiza que YHWH tem uma vontade e um propósito distintos (conhecidos por meio da Torá) que estão fora do totalismo predominante da época. Além disso, essa vontade divina não poderá ser zombada ou desautorizada pelas práticas desse totalismo. De acordo com os profetas, quando os costumes sociais ou religiosos entram em conflito ou minam a intenção divina, Deus decreta juízo empregando vários meios — ora por desastres "naturais", ora por outras nações. Embora esse propósito divino se concentre de fato na justiça socioeconômica para os grupos vulneráveis — como viúvas, órfãos e imigrantes —, também aborda questões de santidade que não conseguem alinhar a singularidade do povo de Deus com a singularidade de Deus (veja Levítico 19:2 e Ezequiel 22:26).

Quando as vozes "proféticas" modernas defendem a justiça social, mas sem reconhecer a intervenção divina — como é comum entre muitos progressistas religiosos —, há o risco de confinar a justiça social ao totalismo existente, evitando, assim, transformações fundamentais. Contudo, a mensagem constante dos profetas de Israel é que a reivindicação de Deus transcende e não é restringida pelo totalismo de qualquer sistema, incluindo o da cidade sagrada de Jerusalém.

Essa insistência profética afirma a liberdade de Deus em agir fora, além e em contradição com o totalismo. Por isso, a voz profética é capaz de antecipar a obra divina da novidade que é expressa como promessa divina. Desse modo, os profetas podem afirmar com segurança: "dias virão em que..." ou "naquele dia...". O dia esperado da novidade de Deus representa uma novidade autêntica, a qual não se pode derivar ou extrapolar a partir das circunstâncias atuais da vida. Assim, tanto nas proclamações de *juízo* quanto nas de *promessas*, os profetas descrevem um mundo de determinação divina que nada deve ao totalismo atual. O próprio totalismo é incapaz de reconhecer a possibilidade ou a chegada de seu próprio fim, tampouco é incapaz de acreditar que uma realidade alternativa é possível. O caráter de Deus, poeticamente retratado como um soberano impermeável às pretensões do totalismo e como um fiel cumpridor de suas promessas, não limitado ou frustrado pelos becos sem saída do totalismo, constitui o cerne da mensagem profética.

Acredito que a razão pela qual a expressão profética evoca a hostilidade letal do totalismo não é simplesmente sua defesa da justiça social, embora os profetas tenham defendido a justiça sistêmica. A razão para a hostilidade, antes, é porque a enunciação do Deus da aliança (que é o Deus criador) torna as reivindicações do totalismo menos importantes, enquanto todo regime totalizante (como em "Make America Great Again") se apresenta como definitivo. A desconstrução profética descarta a supremacia da lealdade e da submissão esperada pelo totalismo. A enunciação desse Deus mina todas essas pretensões.

Tanto no juízo quanto na esperança, a articulação profética — que assume a fugidia linguagem poética — anuncia a *interrupção* do mundo conhecido e controlado, *fazendo emergir* um mundo alternativo e drasticamente diferente do mundo administrado pelo totalismo. Os profetas expressam uma realidade diferente do mundo visível e palpável que está diante de seus ouvintes. Por essa razão, a expressão profética deve necessariamente ser "imaginativa", um ato de imaginação, por meio de palavras e imagens, evocando e hospedando um mundo diferente daquele prontamente disponível. Dessa forma, os profetas, com seu enraizamento apaixonado na tradição, sua compreensão zelosa da realidade social e sua força entusiástica da linguagem, imaginam o mundo atual sob ameaça de juízo, mesmo enquanto o regime continua a se imaginar como absoluto e permanente. Isso porque os profetas são capazes de imaginar até mesmo o fim da Cidade Santa presidida pelo regime. Desse modo, os profetas imaginam a emergência de um novo mundo, um mundo que o totalismo considera impossível. Eles imaginam uma nova realidade sociopolítica surgindo além das capacidades do regime. Enquanto o totalismo imagina que seu domínio é eterno, a imaginação profética, em nítido contraste, imagina a conclusão de um velho mundo e o desenvolvimento de um novo. Esse *choque de imaginações* cria um dilema desafiador, forçando os ouvintes a escolherem entre *uma imaginação extinta* e uma *nova imaginação inexplicável*.[3] Na formação do cânone bíblico, esse conflito de

---

[3]William T. Cavanaugh, *Torture and eucharist* (Oxford: Blackwell, 1998) traça a competição de imaginações no Chile sob o regime de Pinochet. "A imaginação social não é uma mera representação de algo mais real; não é uma 'superestrutura' ideológica que reflete a 'base' material [...]. A imaginação de uma sociedade é a condição de possibilidade para a organização e significado dos corpos dentro da sociedade. A imaginação é o drama no qual os corpos estão envolvidos [...]. Se a

visões é resolvido em favor da imaginação profética, efetivamente descartando a perspectiva do totalismo. No cânone bíblico, a imaginação profética é considerada suficientemente verdadeira, mesmo que acontecimentos históricos às vezes sugiram o contrário.

Tornou-se claro para mim, ainda que tardiamente, que o paradigma que apresentei neste livro funcionou como fio condutor para grande parte do meu trabalho posterior. Por isso, expus explicitamente esse pensamento em *Hopeful imagination* [Imaginação esperançosa], em *Reality, grief, and hope* [Realidade, luto e esperança] e, mais recentemente, em *The practice of prophetic imagination* [A prática da imaginação profética], bem como de forma menos explícita em muitas de minhas publicações.[4] Embora meus artigos de periódicos tenham sido dispersos e variados, penso que dois dos mais duradouros sustentam o mesmo paradigma. Em "The costly loss of lament" [A custosa perda do lamento], considerei o que poderia acontecer, conforme se vê nas igrejas e na cultura política de classe média, quando as antigas práticas de lamento, protesto e reclamação são silenciadas e evitadas no interesse da felicidade e do bem-estar

tortura é a imaginação do Estado, a Eucaristia é a imaginação da Igreja" (p. 57, 229). Cavanaugh cita um romance de Lawrence Thornton: "Temos de acreditar no poder da imaginação porque é tudo o que temos; nossa imaginação é mais forte do que a deles" (p. 279). Cavanaugh conclui: "Participar da Eucaristia é viver na imaginação de Deus" (p. 279).

É claro que, no antigo Israel, a imaginação do *establishment* real-sacerdotal-escriba de Jerusalém era muito poderosa; os profetas procuravam superar o poder de imaginação desse empreendimento. Assim, entre nós, a imaginação da ideologia de mercado (incansavelmente oferecida nas liturgias de programas televisivos estúpidos e, de forma mais nítida, por meio da NFL como um festival de dinheiro, sexo e violência) é uma forma poderosa de imaginação; a tarefa profética, agora como no passado, é superar o poder de imaginação desse empreendimento.

[4]*Hopeful imagination: prophetic voices in exile* (Philadelphia: Fortress Press, 1986); *Reality, grief, hope: three urgent prophetic tasks* (Grand Rapids: Eerdmans, 2014); *The practice of prophetic imagination: preaching an emancipatory word* (Minneapolis: Fortress Press, 2012).

acrítico.[5] Na cultura cívica, a perda do lamento convida à negação e, assim, fortalece o sistema social dominante como se este estivesse além do fracasso ou da crítica. Quando essa perda ocorre na igreja, o evangelho se torna um tipo de felicidade absoluta, segundo a qual "nunca se ouve uma palavra de desânimo". Além disso, muitos pastores são pagos para sustentar exatamente essa prática — mas é claro que, no realismo profético (tal como no realismo da vida), essa ilusão é insustentável, visto que há muito sobre o que lamentar, protestar e reclamar. A "custosa perda" é aderir à ilusão de bem-estar, ou, na teologia, apegar-se ao exercício de uma "Teologia da glória" em desconsideração da convocação para uma "Teologia da cruz".[6]

Em segundo lugar, em meu artigo "The liturgy of abundance and the myth of scarcity" [A liturgia da abundância e o mito da escassez], elucido que "escassez" é o elemento de uma estratégia para a injustiça.[7] Um regime que opera com a pretensão de escassez pode legitimar o entesouramento, a acumulação e, por fim, o monopólio, ignorando as necessidades dos outros, mesmo quando essas estratégias evocam e legitimam a violência dos fortes contra os fracos. (Assim, temos uma "guerra de classes" que é caracteristicamente conduzida de cima para baixo; como Warren Buffett observou, há, em nossa economia, "uma guerra de classes, e nós estamos vencendo".) As doxologias de abundância de Israel (como os Salmos 104 e 145) afirmam a generosidade geradora do Deus criador, de modo que *slogans* da escassez contradizem as reivindicações da capacidade que o criador tem para cuidar do mundo. Também a ganância frenética e interminável

[5]"The costly loss of lament", *JSOT* 11/36 (1986): 57-71.

[6]Douglas John Hall, *Lighten our darkness: toward an indigenous theology of the cross* (Philadelphia: Westminster, 1976) nos fornece uma exposição confiável e crível da teologia da cruz.

[7]"The liturgy of abundance, the myth of scarcity," *The Christian Century* 116/10 (March 24-31, 1999): 342-47.

evocada pela ideologia de mercado (nossa forma específica de totalismo) serve para contrariar as reivindicações da fé, trazendo sérias consequências práticas à vida real.[8]

Creio que me seja desnecessário atestar que o intenso conflito entre o *totalismo* e a *imaginação profética* é altamente relevante hoje, especialmente porque Donald Trump incorporou de forma proeminente esse totalismo. Seu slogan, "Make America Great Again", representa uma ideologia forte, caracterizada por conotações raciais e um endosso acrítico do excepcionalismo do "sonho americano". No entanto, é importante notar que o Presidente Trump não inventou essa ideologia: ela tem raízes profundas na narrativa euroamericana de excepcionalismo, remontando às primeiras figuras puritanas, como Cotton Mather. A consequência dessa ideologia impenitente é *a transformação de todas as interações sociais em transações monetárias, a mercantilização de todas as possibilidades sociais e a incessante criação de indivíduos descartáveis*, os quais são irrelevantes para esse totalismo. Embora aspectos menores possam ser discutíveis, a presença dominante dessa ideologia centrada no mercado é inegável.

Por essa razão, concluo que o nosso tempo exige o exercício da imaginação profética, a capacidade de visualizarmos uma realidade distinta daquela promovida e legitimada pela ideologia de mercado. Na aplicação atual da imaginação profética, diversas mudanças importantes são cruciais para a igreja, como:

- mover-se de sua confortável postura focada em meros atos de caridade para uma em que questões mais profundas de justiça são trabalhadas;

[8]Sobre a ideologia do mercado, veja de forma mais nítida Gerald Berthoud, "Market", in: Wolfgang Sachs, org., *The development dictionary: a guide to knowledge as power*, 2. ed. (New York: Zed, 2010), p. 74-94. Berthoud elucida que "o mercado" deixou de ser uma matriz para o comércio e passou a ser um princípio regulador cuja intenção é impor suas categorias a toda a nossa vida comunitária.

- adotar uma compreensão mais sistêmica relacionada a influências financeiras e às implicações de "seguirmos o dinheiro";
- mostrar as maneiras pelas quais as antigas tradições do Deus da aliança tornam a retidão, a justiça e a fidelidade centrais para a vida comum, reposicionando o dinheiro, o poder e a sabedoria (veja Jeremias 9:23,24; Mateus 23:23); e
- ver como uma teologia da cruz contradiz nossa conveniente e confortável teologia da glória.

Hoje, precisamos de coragem e liberdade para nos envolvermos na contestação do totalismo entre nós, o qual tem sugado nossa força e autoridade.

Sou grato à Fortress Press e aos editores por continuarem a disponibilizar este livro e por republicá-lo nesta ocasião de aniversário. Também sou grato a uma série de leitores (incluindo pastores e freiras, professores e estudantes) que encontraram neste livro um recurso valioso para um envolvimento interdisciplinar sério. A prática da imaginação profética sempre requer um engajamento intencional e o apoio de companheiros dedicados, cuja jornada conjunta é deixar um mundo falho e sob juízo para prosseguir em direção a um novo mundo repleto de boas notícias. Essa "jornada" envolve *abandonar* sistemas fracassados, mas que valorizamos, e *receber* o que Deus nos dará. É uma passagem *da escassez para a abundância*, uma caminhada *do lamento para a doxologia*.

WALTER BRUEGGEMANN
Advento, 2017

Bibliografia selecionada

Birch, Bruce C. *Let justice roll down: the Old Testament, ethics, and Christian life* (Louisville: Westminster John Knox, 1991). [Nota: cap. 6: "Royal ideal and royal reality", p. 198-239.]

Blenkinsopp, Joseph. *A history of prophecy in Israel*. Ed. rev. (Louisville: Westminster John Knox, 1996).

Chaney, Marvin L. "Systemic study of the Israelite monarchy". *Semeia* 37 (1986): 53-76.

Coats, George W. "The king's loyal opposition: obedience and authority in Exodus 32—34". In: Coats, G. W.; Long, B. O., orgs., *Canon and authority: essays in Old Testament religion and theology* (Philadelphia: Fortress Press, 1977). p. 91-109. [Nota: o texto trata tanto de Moisés quanto de Jeremias.]

Gordon, Robert P., org. *The place is too small for us: the Israelite prophets in recent scholarship*, SBTS 5 (Winona Lake: Eisenbrauns, 1995).

Gottwald, Norman K. "The biblical prophetic critique of political economy: its ground and import". In: Thomas, J. M.; Visick, V., orgs., *God and capitalism: a prophetic critique of market economy* (Madison: A-R Editions, 1991). p. 11-29. Reimpresso em Gottwald, Norman K., *The Hebrew Bible in its social world and in ours*, Semeia Studies (Atlanta: Scholars, 1993). p. 349-64.

________. "A hypothesis about social class in monarchic Israel in the light of contemporary studies of social class and stratification". In: Idem. *The Hebrew Bible in its social world and in ours*, Semeia Studies (Atlanta: Scholars, 1993). p. 139-64.

________. "Social class as an analytic and hermeneutical category in biblical studies." *JBL* 112 (1993): 3-22.

HANDY, Lowell K., org. *The age of Solomon: scholarship at the turn of the millennium*. Studies in the history and culture of the ancient near east 11 (Leiden: Brill, 1997). [24 artigos]

HOLLADAY, William L. *Jeremiah*. Hermeneia, vol. 1. (Philadelphia: Fortress Press, 1986).

________. *Jeremiah*. Hermeneia, vol. 2. (Philadelphia: Fortress Press, 1989).

HUTTON, Rodney R. *Charisma and authority in Israelite society* (Minneapolis: Fortress Press, 1994). [Esp. caps. 1, 2, 5.]

ISHIDA, Tomoo, org. *Studies in the period of David and Solomon and other essays* (Winona Lake: Eisenbrauns, 1982).

KOCH, Klaus. "The language of prophecy: thoughts on the macro--syntax of the *debar YHWH* and its semantic implications in the Deuteronomistic history". In: SUN, H. T. C. et al., orgs., *Problems in biblical theology: essays in honor of Rolf Knierim* (Grand Rapids: Eerdmans, 1997). p. 210-21.

OVERHOLT, Thomas W. *Channels of prophecy: the social dynamics of prophetic activity* (Minneapolis: Fortress Press, 1989).

SMITH, Daniel L. *The religion of the landless: the social context of the Babylonian Exile* (Bloomington: Meyer-Stone, 1989).

WHITELAM, Keith W. "Israelite kingship: the royal ideology and its opponents". In: CLEMENTS, R. E., org. *The world of ancient Israel: sociological, anthropological and political perspectives* (Cambridge: Cambridge Univ. Press, 1989). p. 119-39.

________. "Realeza israelita: a ideologia real e seus oponentes". In: CLEMENTS, R. E., org. *O mundo do antigo Israel.* (São Paulo: Paulus, 1995). Tradução de: The world of ancient Israel.

________. "The symbols of power: aspects of royal propaganda in the united monarchy". *BA* 49 (1986): 166-73.

WILSON, Robert R. *Prophecy and society in ancient Israel* (Philadelphia: Fortress Press, 1980).

________. *Profecia e sociedade no antigo Israel* (São Paulo: Paulus, 2006). Tradução de: Prophecy and society in ancient Israel.

ÍNDICE DE PASSAGENS BÍBLICAS

ANTIGO TESTAMENTO

Este livro foi impresso pela Braspor, em 2025, para
a Thomas Nelson Brasil. O papel do miolo é pólen
bold $70g/m^2$, e o da capa é cartão $250g/m^2$.